韓国ドラマの妄想ごはんレシピ帖

堤人美
ワタナベマキ

はじめに

堤　みなさん、韓国ドラマはお好きですか？　この本を手にとってくださったということは、好きでよく観ていらっしゃるか、もしくは気になっていらっしゃるか……。

ワタナベ　（以下ワ）話題になったドラマのことなら知っているという方も、いらっしゃるかもしれませんね。

堤　私たちふたりは、かなり好きなんです。

ワ　はい、大好きなんです。

堤　それぞれ好きな俳優さんは違いつつも、このドラマのあのシーンがよかったよね、という話になるといつも盛り上がって。

ワ　あの時のあのセリフ、最高だったね、とか。あの表情たまらなかったね、とか。とまらないんです。

堤　そんなふうに韓国ドラマについて話していると、いつも話題になるのが、料理のこと。あのシーン

のごはん、すごくおいしそう……あの時食べていたのって、どんな料理なんだろう？と。

ワ 韓国ドラマの魅力はいろいろありますが、食事シーンがいつもおいしそうで。料理をしているシーンはもちろん、どんなふうに食べているかも、すごく気になってしまいます。

堤 食べてみたい！ 作ってみたい！という気持ちがむくむくとわいてきます。よく一時停止しては凝視して、あれこれ調べてみて。

ワ それくらい魅力的でおいしそうなんですよね。よくわからなくても、なんとか真似をして作ってみたり。

堤 あそこでだしを入れていたな、こんなふうに混ぜていたな、って思い出しながら。

ワ まったく同じものが作れるわけではないのですが、それでもうれしいんですよね。

堤 というわけで、この本では、私たちがドラマからあれこれ妄想しながら作った料理を紹介しています。

ワ 最初にお許しいただきたいのは、あくまでも

「妄想」ということ……。

堤 何度もそのシーンを観て作っていますが、まったく同じものではないんです。そこはどうかお許しください。

ワ 本場の味を追求したレシピではないですが、できる限り調べて、自分たちなりに気軽に作れるように考えてみました。

堤 ドラマを観て、食べたい！と思ったらすぐにできるように、家でも作れるレシピにしています。

ワ 韓国ならではの調味料や食材は、ぜひとも、なんとか揃えていただいて。

堤 そうですね。基本的なものがあれば、いろいろな料理に使えるので、p126〜127を見ながら作りたい料理に合わせて、少しずつ準備してみてください。

ワ そして、紹介しているドラマは、どれも私たちが心からおすすめできる作品ばかりです。

堤 ほかにも紹介したいドラマはたくさんあるのですが、あえて料理が魅力的で、なおかつ、作品としてもすばらしいと感じたものを厳選しています。

ワ 料理だけでも、ドラマだけでも、もちろん楽しめます。でも……。

堤 ドラマを観て、料理をして、同じように食べてみると、より一層ドラマの世界を感じられるはず。

ワ 一度観たドラマでも、観返してみたくなるはず。

堤 観て、食べていると、ドラマに登場する料理はどれも、いろいろな役割を果たしているんだとわかるんです。誰かの気持ちを表すものだったり、登場人物の関係性を示唆するものだったり。

ワ 韓国では、どんな時にどんなものを食べるのかという、行事や風習も自然と学べますね。

堤 私たちも、ドラマから教えてもらったことがたくさん。それらをできる限りお伝えできるようにまとめています。

ワ ドラマからでも、料理からでも、自由に楽しんでいただけたらうれしいです。

堤 ワ 「パンモゴッソ？（＝ごはん食べた？）」を挨拶がわりに、ぜひ！

もくじ

◎ 1カップは200mℓ、1合は180mℓ、大さじ1は15mℓ、小さじ1は5mℓです。
◎「ひとつまみ」とは、親指、人さし指、中指の3本で軽くつまんだ量のことです。
◎ 電子レンジの加熱時間は、600Wのものを基準にしています。500Wの場合は、1.2倍の時間を目安にしてください。機種によっては、多少差が出ることもあります。

1章

有名ドラマのあの料理

堤 有名で人気のあるドラマって、やっぱりきちんと理由があるのかな、と思うんです。自分に合うか合わないかは別として。

ワタナベ（以下ワ）わかります。人物描写が細やかだったり、主人公がすごく魅力的だったり。

堤 ラブストーリーかと思いきや、社会的な問題が問われていたりもするし、ストーリー展開がすばらしいものが多い。

ワ 話数が多いというイメージがあるかもしれませんが、有名ドラマは長さを感じさせないおもしろさがあるな、と。それに、最近は短くて観やすいものも多い気がします。

堤 確かに。初心者の方は、やっぱり話題になっているものから観ると、すんなり入り込みやすいと思います。有名ドラマは観ている人も多いから、共通の話ができて盛り上がるし。

ワ この章では、そんな話題の有名ドラマから、私たちふたりが好きだなと感じた料理を選びました。

堤 ドラマ自体もおすすめできて、なおかつ、料理が登場するシーンもいいなと思えるものを厳選しました。

ワ 韓ドラ好きの方にはおなじみのドラマだし、初心者の方もタイトルは知っているかも。

堤 飲食店が舞台のものもあれば、特に料理が目立つわけではないドラマもありますが、取り上げた料理が登場するシーンは、どれも見どころだと私たちは思っています。

ワ あのシーンで食べているのはこんな料理だろうなっていう妄想もありますし、一時停止して凝視しながら器の中身を確認したものも。

堤 詳しいことはそれぞれのページで語り合うとして……。一度観たことのある方も、料理シーンだけ観返してみると、また別の発見があるかもしれません。

ワ 同じ料理を作って、食べながら観るのもいいものです。もちろん、観てから作ってもいいですし。

堤 なんだか、話してるとまた観たくなってきちゃったね。有名ドラマってそういう魔力があるのかも……。

梨泰院《イテウォン》クラス

日本でもリメイクされるほどの人気。舞台が居酒屋なので、料理もたくさん出てきます。ドラマで鍵となるメニューの2品を作ってみました。ぜひ、韓国焼酎と一緒に！

豚もやし炒め

復讐相手の
会長に出す
渾身の一品

スンドゥブチゲ

豚もやし炒め

もやしは、あらかじめ火を通しておくのがコツ。最後にさっと炒め合わせると、シャキッとして豚のうまみもしっかりからみます。

材料 2～3人分

豚バラ薄切り肉
（しゃぶしゃぶ用・長さを半分に切る）…… 120g
豆もやし（できればひげ根をとる）…… 1袋（200g）
長ねぎ（斜め薄切り）…… ½本
にんにくの薄切り …… 1かけ分
A いわしエキス（p126参照）…… 小さじ2
　酒、みりん …… 各小さじ1
塩、こしょう …… 各少々
ごま油 …… 小さじ2

作り方

1 もやしは熱湯でさっとゆで、湯をきる。

2 フライパンにごま油、にんにくを入れて中火にかけ、香りが立ったら豚肉を加えて色が変わるまで炒め、塩をふる。

3 長ねぎを加えてさっと炒め、Aを加えて汁けがなくなるまで炒める。1のもやしを加えてさっと炒め、こしょうをふる。

ドラマと料理の話

ワ 私はこのドラマは何度もくり返し観るほど大好きです。主役のパク・ソジュンのファンということもありますが、ストーリー展開が早くて飽きさせない。どうなるんだろう？ってついつい次を観てしまうドラマだと思います。最初は、お話がおもしろくて最後まで一気に観たんですが、2回目は気になるところで一時停止したりして。

堤 わかる！ 舞台が居酒屋だから、いろんな料理が出てくるたびに止めて観ちゃう。このドラマを観ていると、韓国料理はおかずとしてはもちろん、おつまみとしてもいいなぁと改めて思いました。

ワ 今回選んだ2品は特にそうですね。お酒にもごはんにも合う。どちらもパク・ソジュンが演じる主役、パク・セロイが営む居酒屋「タンバム」の看板メニューです。

梨泰院《イテウォン》クラス

ソウルで人気の街・梨泰院で、小さな飲み屋を開店させた青年とその仲間たち。成功をつかむため、大手チェーン店の会長と息子を相手に奮闘するサクセスストーリー。

写真：ALBUM/アフロ　Netflixにて配信中

スンドゥブチゲ

具だくさんで、おかずにもおつまみにもなるチゲ。合わせ調味料を覚えておけば、具材をかえるだけでいろいろなチゲが作れます。

材料 3〜4人分

豚バラ薄切り肉（食べやすく切る）…… 120g
あさり（砂出ししたもの）…… 200g
おぼろ豆腐 …… 200g
A えのきだけ（軽くほぐす）…… 1袋（100g）
エリンギ（1㎝幅の輪切り）…… 3本（100g）
白菜キムチ（あれば熟成したもの）…… 50g
長ねぎ（斜め薄切り）…… ½本
にら（食べやすく切る）…… ½束
卵 …… 1個
B だし汁（煮干し）…… 2カップ
酒 …… ¼カップ
アミの塩辛（p126参照）…… 小さじ1
C にんにく・しょうがのすりおろし
…… 各½かけ分
オリゴ糖（p126参照・または水あめ）
…… 大さじ1
粗挽き粉唐辛子、白すりごま …… 各小さじ2
いわしエキス（p126参照）…… 小さじ1

作り方

1 鍋に**B**、豚肉、あさりを入れて中火にかけ、煮立ったらアクをとる。**A**、長ねぎ、合わせた**C**を加えて混ぜ、煮立ったらふたをして弱めの中火で3分煮る。

2 豆腐をスプーンですくって加え、卵を落としてふたをして1分30秒加熱し、にらを加えてひと煮立ちさせる。粗挽き粉唐辛子少々（分量外）をふる。

堤 ドラマの中でも重要な役割を担っているメニュー。これ、復讐相手に出すんだよね。長家の会長！ 思い出すと憎たらしいな（笑）。特にチゲは、セロイがお父さんから受け継いでいる大事な味だから思い入れがあるんだよね。

ワ 会長が濃いめの味が好きだから、それに合わせるか迷うんだけど、いつも通りに作ることを選択するんです。豚もやし炒めはシンプルだからこそなんだろうな。家族愛も信念もあって……あー、かっこいい！

堤 この場合のスンドゥブチゲって、日本の居酒屋でいうと、から揚げみたいな存在なのかと感じました。勝手な解釈ですが。

ワ 私もそう思います。定番のメニューだけど、店ごとに味つけが違って個性が出るものですよね。だからこのレシピも、自由にアレンジしてもらえたらいいと思います。

堤 牛肉にしてもいいし、海鮮だけにしてもいいし。

ワ 最後は、現地風にごはんをひたしながら食べるのがおすすめです。タンバムには、いか鍋とかいろいろ魅力的なメニューがあるので、また一時停止しながら観なくちゃな、と思っています。

食べ方を教えながら
おにぎりまで
作ってあげる!

ボーイフレンド

お金持ちと庶民の甘いラブストーリーですが、社会問題にも触れていて奥深いドラマです。料理は、主役のふたりの距離を近づける役目を担ったものを選びました。

タッパル風手羽中炒め

鶏の足で作る「タッパル」を、手に入れやすい手羽中でアレンジしました。鶏肉は下ゆでをすると味がしみ込み、やわらかく仕上がります。

材料 2〜3人分

鶏手羽中（スペアリブ）…… 16本（400g）

A
- にんにくのすりおろし …… 2かけ分
- しょうがのすりおろし …… 1かけ分
- 韓国青唐辛子（p127参照・斜め切り）※ …… 1本
- 赤万願寺唐辛子（または赤唐辛子・斜め薄切り）…… 1本
- コチュジャン …… 大さじ3
- ごま油 …… 大さじ2
- オリゴ糖（p126参照・または水あめ）、粗挽き粉唐辛子 …… 各大さじ1
- 塩、こしょう …… 各少々

玉ねぎ（3cm角に切る）…… ½個

ごま油 …… 小さじ2

※またはししとう

作り方

1 鶏肉は熱湯で2分ゆで、水けをふき、合わせたAに加えて混ぜ、20分おく。

2 フライパンにごま油を熱し、1、玉ねぎを入れて弱めの中火で5分炒める。

※ごはん茶碗大盛り1杯（200g）に韓国もみのり（p127参照）15gを混ぜ、小さく丸くにぎり、炒めたたれをつけて食べる

ドラマと料理の話

堤 ちょっと前のドラマなんですが、今もいろいろなところで配信されているほど人気です。キューバで出会ったふたりが、偶然韓国で再会し、社長と社員という立場で恋に落ちる……という甘いラブストーリー。

ワ ソン・ヘギョ演じるヒロインは、財閥に嫁いだものの離婚して、ホテルの社長としてバリバリ働いている。かっこいいですよね。

堤 一方、私がこよなく愛するパク・ボゴム演じるジニョクは、青果店の息子なので、いわゆる身分違いの恋。でも、ありきたりな感じがしない！人物描写が細やかでいいセリフが多いなと思います。このふたりが障害を乗り越えつつ距離を縮めていくうえで、大切な役割を果たしているのが、料理なんです。

……p16につづく⇨

ボーイフレンド

自分の人生を歩めない政治家の娘と、平凡な日常を大切に生きる青年の偶然の出会いから始まるラブストーリー。美しい映像や繊細なセリフが印象的な作品。

U-NEXTにて配信中

砂肝の屋台炒め

コリコリした砂肝と
ほくほくのじゃがいもが、絶妙な組み合わせ。
いわしエキスの香りと、唐辛子の辛さがあとひくおいしさです。

材料 2人分

鶏砂肝（かたい銀皮の部分を除き、薄切り）…… 300g
じゃがいも（皮をむいて7mm角の棒状に切り、
　水にさらして水けをきる）…… 1個（150g）
にんにくの薄切り …… 2かけ分
韓国青唐辛子（p127参照・種を除き、斜め薄切り）※
　…… ½本
いわしエキス（p126参照）…… 小さじ1
酒 …… 大さじ2
A｜塩 …… 小さじ½
　｜こしょう …… 少々
ごま油 …… 大さじ2
※またはししとう

作り方

1 フライパンにごま油を熱し、じゃがいも、にんにくを入れて弱火で3分炒める。砂肝を加えて中火にし、Aをふってさっと炒め、酒を加えてさらに4分炒める。

2 青唐辛子、いわしエキスを加え、汁けがなくなるまで炒める。

ドラマと料理の話

ワ 確かに！　このドラマは外食するシーンが多いですよね。やっぱり同じものを食べると自然と距離が縮まるのかな。

堤 紹介する2品は、まさにふたりが飲食店や屋台で食べた料理です。韓国には「タッパル」という鶏の足を甘辛く煮た料理があるんですが、ヒロインは食べたことがない。ジニョクがお店に連れて行って食べ方を教えてあげつつ、おにぎりを作るうえに、さらに口に入れてあげるというなんとも言えない甘いシーンがあります。

ワ ふたりの格差を感じつつも、キャーッてなる（笑）。これ、鶏の足はむずかしいけれど、手羽中なら作りやすいですね。

堤「タッパル風」ということで。砂肝炒めは、ふたりで屋台に行ったシーンから。これもまた、ヒロインは食べたことがなくて。初めて出会う料理を「幸せなこと、神秘的」と表現します。

ワ これでもまた、ふたりの距離が縮まる……。

堤 どちらの料理も、食べた後にジニョクがヒロインを寝かしつけるんですよ。そこまで含めて、ぜひ観ていただきたい。あー、私もまた現地の屋台に行きたいなぁ！

ワ 私でよければおともします！（笑）

屋台の
定番料理を食べながら
仲良くなっていく……

ウ・ヨンウ弁護士は天才肌

主人公の大好物であるキンパが、よく登場するドラマ。
ほかにも済州《チェジュ》島で思い出のククスを探したりなど、
料理がストーリーや人物描写にひと役かっています。

キンパ

ごはんに具をのせる時には、魚肉ソーセージや
かにかま、卵焼きで細かい具をはさむように。
崩れにくくなり、仕上がりがきれいです。

材料 2本分

牛切り落とし肉
（大きければ小さめに切る）…… 60g
A にんにく・しょうがのすりおろし …… 各⅓かけ分
しょうゆ、酒、みりん …… 各小さじ1
砂糖 …… 小さじ½
魚肉ソーセージ（縦半分に切る）…… ½本
かにかまぼこ（縦半分にさく）…… 2本
たくあん（1㎝角の棒状に切る）…… 70g
にんじん …… 1㎝角の棒状2本分
ほうれんそう …… ¼束
卵 …… 1個
オムク（p127参照）…… 1枚
えごまの葉（p127参照・縦半分に切る）…… 2枚
ごはん …… 茶碗2杯分強（340g）
焼きのり …… 全形2枚
塩、ごま油、砂糖、白いりごま …… 各適量

作り方

1 にんじんはラップで包んで電子レンジで1分加熱し、塩少々、ごま油小さじ¼を加えてあえる。ほうれんそうはラップで包んで電子レンジで30秒加熱し、冷水にとって水けを絞り、塩少々、ごま油小さじ¼を加えてあえる。

2 フライパンにごま油小さじ½を熱し、牛肉を入れて中火で色が変わるまで炒める。**A**を加え、汁けがなくなるまで炒める。

3 卵は溶きほぐし、砂糖、塩各少々、ごま油小さじ½を順に加えて混ぜる。卵焼き器に流し、両面に軽く焼き目がつくまで焼き、粗熱がとれたら2㎝幅に切る。オムクは熱湯で2分ゆで、水けをふいて1.5㎝幅に切る。

4 ごはんは粗熱をとり、塩小さじ⅓、ごま油小さじ½を加えて混ぜる。焼きのりにごはんの半量を向こう側を2㎝あけて広げ、えごまの葉、**1**～**3**、魚肉ソーセージ、かにかま、たくあんを半量ずつのせて巻く。もう1本も同様に作る。

5 表面にごま油少々を塗り、いりごまをふり、食べやすく切る。

ドラマと料理の話

ワ 自閉スペクトラム症で弁護士であるウ・ヨンウが主人公。

堤 彼女が担当する案件は、障害者差別や学歴社会、家父長制といろいろな社会問題を抱えてて。実際にあった事件を丁寧に取材したという話を聞いて、納得しました。

ワ 印象的なのは、ヨンウが大好きなキンパ。理由が「何が入っているか一目でわかって、予想外の味に驚かないで済むから」と。彼女の個性が伝わってきます。

堤 お父さんがキンパ屋さんで、朝ごはんを食べるんだけど、毎回きちんと並べ直すところも彼女らしいな、と。

ワ 親友のグラミちゃんの、はさんで作るキンパもおいしそうでした。

堤 おにぎりみたいに具も形も楽しめるのが、キンパのいいところだね。

ウ・ヨンウ弁護士は天才肌

自閉スペクトラム症を抱える弁護士ウ・ヨンウが主人公。仕事や日常生活のなかで事件や恋愛、生い立ちなどの問題に向き合いながら成長していくストーリー。
写真：Everett Collection/アフロ　Netflixにて配信中

誕生日といえば、これ！
とろとろわかめが最高です

ユミの細胞たち

主人公・ユミの日常を描いたドラマなので、ひとり暮らしのリアルな食事風景や外食シーンが見られます。アニメで登場する腹ペコ細胞が、とにかくかわいい！

わかめスープ

まず、わかめと牛肉をしっかり炒めるのが韓国流。わかめがとろりとやわらかくなるまで、しっかり煮込むのがポイントです。

材料 2人分

塩蔵わかめ
（水につけて戻し、食べやすく切る）…… 30g
牛薄切り肉（食べやすく切る）…… 100g
長ねぎ（小口切り）…… ¼本
にんにく（つぶす）…… 1かけ
A | だし汁（煮干し）…… 2½カップ
酒、みりん …… 各大さじ1
アミの塩辛（p126 参照）…… 小さじ1
しょうゆ …… 小さじ1
ごま油 …… 小さじ2

作り方

1 鍋にごま油、にんにくを入れて中火にかけ、香りが立ったらわかめを加えて全体に油が回るまで炒める。

2 牛肉、長ねぎを加えて肉の色が変わるまで炒め、**A** を加えて煮立ったらアクをとる。ふたをして弱火で 10 ～ 15 分煮、しょうゆで味を調える。

ユミの細胞たち

主人公・ユミの生きる現実と、彼女の頭の中にある細胞村をアニメーションで描いた作品。ユーモアたっぷりなうえに、リアルな心理描写が魅力的なドラマ。

ドラマと料理の話

ワ 実写とアニメが混ざっていて、とてもかわいい。主人公のユミの恋愛話が中心なんですが、日常のリアルなシーンが多くて、料理もいろいろ出てきます。

堤 印象に残っているのが、このわかめスープを作るお話。韓国ではお誕生日にわかめスープを食べるものだというのは、他のドラマからも学んだことです。理由はp65をどうぞ。

ワ 他のドラマではオモニ（お母さん）が作ることが多いですが、ユミが彼氏のために作る。普段の忙しい日は、冷凍食品やテイクアウトを活用しているのもリアルですよね。

堤 あと、ユミが実家に帰ると、オモニがいろいろ作って持たせてくれるのも愛情を感じます。

ワ オモニの料理は、3章で紹介しますので、ぜひどうぞ！

ドラマの疑問、チョン先生に教えてもらいました①

韓国の食生活について

ドラマやバラエティを観ていると、どうしてこれを食べるんだろう？　このシーンって、日常生活で当たり前のことなのかな？と不思議に思うことがたくさんあります。そんな疑問について、紀行作家のチョン・ウンスクさんに聞きました。

教えてくれた人

チョン・ウンスク（鄭銀淑）さん

紀行作家。1967年、江原道生まれ、ソウル育ち。ソウル東部の下町在住。世宗大学院修士課程終了後、日本へ留学。帰国後、執筆や翻訳を多数手がける。NHK『突撃！ストリートシェフ』ソウル編や、『世界入りにくい居酒屋』釜山編の取材コーディネートも担当。近著は『旅と酒とコリアシネマ』（ライスプレス）。ぴあや双葉社でwebコラム連載中。

Q　みんなで一緒に食べるシーンを多く目にします。韓国では、食事の時間はどのような存在ですか？

A　韓国では、食事は家族や友人などと一緒に食べるのが基本です。ここ数年は、ホンパブ（＝ひとりごはん）やホンスル（＝ひとり飲み）という言葉が使われるくらい、孤食も増えていますが、**基本的には誰かと一緒に食事をする時間をとても大切に考えています。「食口（シック）」という言葉があって、これは「家族」という意味**で使われています。同じ釜の飯を食べる仲、一緒に食べるからこそ家族になれる、ということですね。血のつながりがあってもなくても、**一緒にごはんを食べる仲は家族**と考えます。言葉でいうと、ほかにも「パンモゴッソ？」は「ごはん食べた？」という意味で、「パンモクチャ」は「ごはん食べよう」という意味。どちらも挨拶がわりによく使われる言葉です。

Q　大きな鍋をみんなで囲むのが多いのは、一般的ですか？

A　そうですね。鍋や焼き肉はもちろん、ラーメンも**みんなの分をいっぺんに作るのは日常的**に行われていることです。とはいえ、衛生面を気にして取り箸を使ったり、取り分け用の器を用意してくれることも増えました。歴史的に考えると、韓国ではお膳を用意して、ひとりずつ盛りつけて食べるということが主流でした。時代劇でもよく見る姿じゃないかと思います。しかし、植民地支配や朝鮮戦争で物資が不足して、ひとつの鍋を囲むことが増えたようです。無駄を省きながら、**食材を分かち合い、食器を共有した**のでしょう。

Q　鍋や焼き肉を大勢で食べる時、暗黙のルールはありますか？

A　**最初に箸をつけるのは目上の人**です。家族なら父親、会社なら上司ですね。また、その場の食事代を出してくれる人という場合もあります。ひとりでおいしい部分を独占したり、たくさん食べたりするのは、もちろんNG。**分かち合いの精神が大切**です。家庭では、おかずは奪い合いになることだってありました。でもね、みんなで競い合って食べるラーメンは、本当においしいですよ（笑）。

Q キンパは母親の愛情の象徴だと聞きますが、どういう存在ですか？

A 私が子どものころ、キンパは遠足のお弁当でした。**手間がかかるので日常的に食べていたわけではなく、母がハレの日に作ってくれるもの。**そういう日の朝は、家族みんなが母の周りに集まって、キンパの端っこをつまみ食いしていたものです。1990年代からキンパ屋さんがすごく増えたので、今は手作りする人はそれほど多くないし、ファストフードのように気軽に食べられるものになったと思います。それでもやっぱり、**世代を超えて愛される母親の味だし、思い出が詰まっている料理**です。

Q コーヒーや乳酸飲料を一緒に飲むシーンもよく目にします。どういう意味がありますか？

A 韓国は**コーヒーの消費量が多い国**なんです。塩辛い料理が多いせいか、食後はコーヒーや乳酸飲料を飲む習慣があるのかもしれません。家庭でも常備しているし、飲食店でも無料で配ることがあります。**おもてなしの最小単位**なのかもしれませんね。家なら、これを飲みながらおしゃべりしましょうという気持ちの表れでもありますし、お店なら、また来てくださいね、という思いがこもっているのだと思います。

Q おかずをスッカラにのせてあげたり、焼き肉を口に入れてあげたりするのは当たり前ですか？

A 親が子どもに対してよくやってあげますね。**もっと食べなさい、これもおいしいよっていう親心**でしょうか。大人どうしの場合は、**相手に食べてほしいという気持ちがある時や、元気づけたい時**にしているかもしれません。あとは、韓国ではいろいろなおかずが並んでいて、単純に手が届かない時にもそうします。恋人どうしで焼き肉をサンチュで包んで、「アーン」と言って食べさせることもあります。愛情表現のひとつですね。

Q サムギョプサル（豚バラ肉の焼き肉）を一緒に食べるのは仲がいい証拠というのは、どうしてですか？

A そもそもサムギョプサルが大衆的に普及したきっかけは、1997年の「IMF危機」（アジア通貨危機を発端とした経済危機）でした。当時は、仕事を失う人も多く、みんなが大変な時期。より安くておいしいものとして、豚肉を使ったサムギョプサルが広まって、多く食べられるようになったんです。みんなで一緒に焼き肉を食べて力をつけ、励まし合いながら苦しい時期を乗り越えようという雰囲気でした。サラリーマンも肉体労働者もみんなこれを食べ、ソジュ（焼酎）をあおっていました。こんな**気取りのない席をともにできるということは、気心が知れた仲**と言えるのだと思います。ちなみに、当時は冷凍の豚肉をカンナでスライスしたものをよく食べていました。最近の韓国はレトロブームなので、あえてそういう肉を出す店もあるくらいで、私たち世代はとても懐かしく感じていると思いますよ。

Q お母さんたちがたくさんのおかずを作りおきするのは、日常的なことですか？

A キムチやナムル、ほかにもいろいろなおかずがあって、それらの**常備菜は「ミッパンチャン」と呼ばれています。**ドラマでもよく目にするかと思いますが、**昔は、お母さんたちが作って子どもに持たせたり、離れて暮らす子どもに送ったりしました。**結婚した娘の家に勝手に入って、冷蔵庫に詰めてくることもありました。これさえあれば、あとはごはんとスープを足すと食卓が完成しますもんね。母親からの愛情だったのでしょうね。ただ、最近の若い世代のお母さんは作らなくなってきているように感じています。忙しくて時間がないのかもしれないし、フードロスの意識も強まってきたので、残さないようにしないといけませんからね。飲食店でも、昔はそういう常備菜がズラーッと並ぶのが当たり前でしたが、残してしまう人も増えてきたせいか、シンプルになってきています。そのかわり、**店やネットでミッパンチャンが買える**ので、家庭では食べたいものを食べられる分だけ買っていると思います。

ワタナベ（以下**ワ**）さまざまなドラマがあるけれど、ジャンルを問わずに料理が多く登場する作品ってありますよね。

堤 あります、あります。飲食店が舞台だとなおさらですが、なんでもない日常を描くシーンが多いドラマだと、必然的に料理が出てきますね。

ワ あえて料理を大事に見せているんだろうな、と感じるドラマもあって、楽しいです。

堤 韓国ドラマファンにはおなじみですが、韓国では企業とのタイアップをシーン内に入れ込むのが定番。チェーン店へ食べに行くシーンが何度もあったり、いつも同じドリンクを飲んだり。でも、そうではないドラマも

2章 韓国料理がたくさん出てくるおすすめドラマ

たくさんあります。特にヒューマン系のドラマだと、料理を丁寧に描いているのかもしれません。

ワ 何も言わずにおかずを並べてくれるハルモニ（おばあさん）や、ごはんにキムチをのせてあげるオモニ（お母さん）……いろいろなシーンが思い浮かびます。

堤 本当にね。チゲひとつとっても、あのドラマではアボジ（お父さん）の得意料理だったな、あのドラマでは激辛を食べていたな、といろいろ思い出しちゃう。

ワ 外食や出前シーンが多いドラマもありますよね。特に医療ものだと、院内でよく出前をとっているなーと。

堤 うんうん。それがまたおいしそうなんですよね。出前も含めて料理がよく出てくるドラマを見ていると、こういう時にはこんなものを食べるのか、と勉強になる。

ワ 引っ越しの時にはチャジャンミョンを食べるんだ、とか。あと、地域性も伝わりますよね。

堤 済州《チェジュ》島が舞台のドラマだと、魚料理が多いとかね。この章では、韓国料理がとにかくたくさん出てくるドラマから紹介しています。

ワ 料理がたくさんなうえに、ストーリーもおすすめできるものばかりを選びました。

堤 はい、何度でもくり返し観たくなる作品です！　実際に何度観たかわからないくらい大好きなものも……。

ワ 見どころだらけですもんね。さっそく紹介していきましょう！

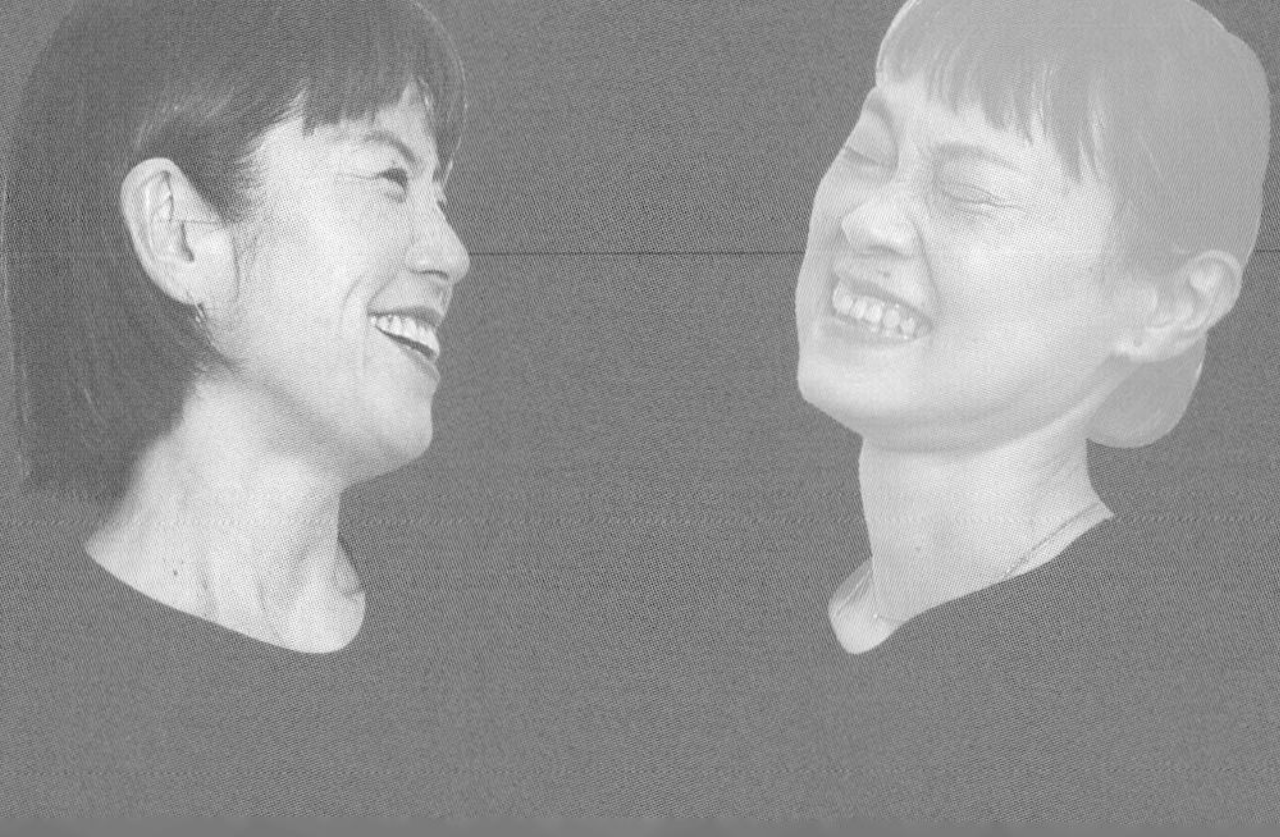

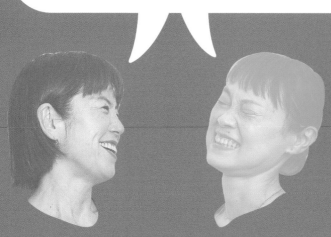

カルビチム
チャプチェ
時間がかかるだけに
母の愛を感じます

恋のスケッチ
～応答せよ 1988～

80 年代が舞台なので、
古きよき韓国の食卓がたくさん。
手間も時間もかけて作るおかずや豪快に
食べるさまから、飾らない素朴な韓国
料理のよさを感じられるドラマです。

プルコギ

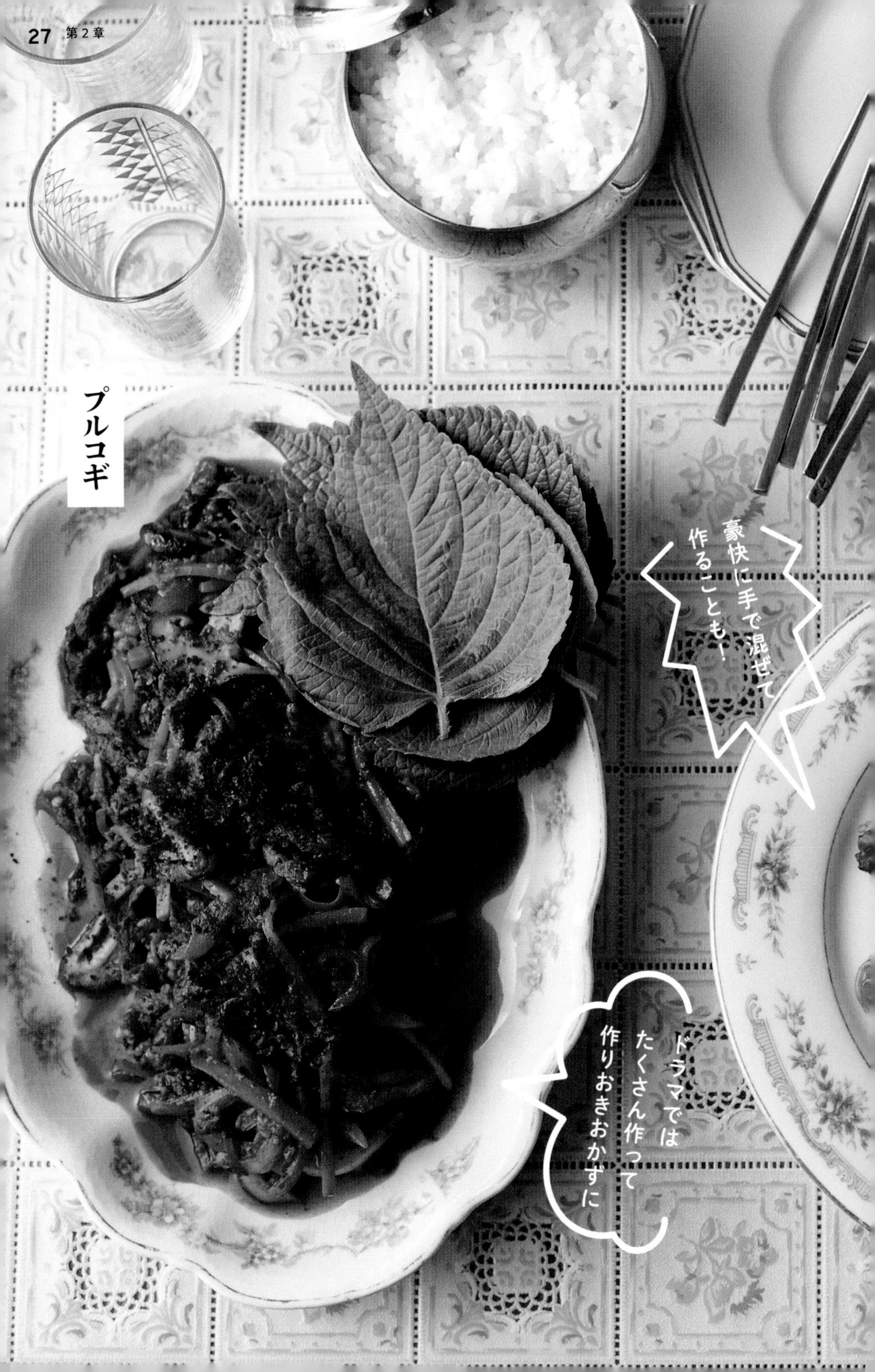
豪快に手で混ぜて
作ることも！
ドラマでは
たくさん作って
作りおきおかずに

チャプチェ

韓国の定番おかず。肉にしっかり
下味をつけ、ごはんに合う一品に。
さつまいもを使った韓国春雨を使うと、
より本場の味になります。

材料 2人分

牛切り落とし肉 …… 150g

A しょうゆ、酒、みりん …… 各大さじ1
にんにくのすりおろし …… 1かけ分

B にんじん（細切り）…… ¼本
生しいたけ（薄切り）…… 2枚
きくらげ
（乾燥・ぬるま湯で戻し、細切り）…… 5g
赤万願寺唐辛子
（または赤ピーマン・斜め切り）…… 1本

にら（3cm長さに切る）…… ½束
韓国春雨（乾燥・p127参照）※ …… 100g
ごま油 …… 大さじ1
白いりごま …… 適量
※または春雨

作り方

1 春雨は水½カップにつけ、20分おく。牛肉は塩、こしょう各少々（分量外）をふり、ポリ袋に混ぜたAに加えてもみ込む。

2 フライパンにごま油を熱し、1の牛肉、Bを入れて中火で2分炒める。春雨を水ごと加え、さっと混ぜてふたをして強めの中火にし、蒸気が出たら弱めの中火で7分蒸し煮にする。

3 ふたをとり、強めの中火で汁けがなくなるまで2分炒め、にらを加えてさっと炒める。器に盛り、いりごまをふる。

カルビチム

肉の血抜きに時間がかかりますが、
ほろりと崩れるほどやわらかく、
味がしっかりしみ込んだおいしさに、
また作りたくなるはずです。

材料 3～4人分

骨つき牛カルビ（冷水に2時間以上つけ、血抜きする）…… 1kg（約8～9本）
長ねぎ（4cm長さに切る）…… 1本
にんにく（つぶす）…… 3かけ
水 …… 4カップ

A 梨のすりおろし …… 大¼個分（100g）
玉ねぎのすりおろし …… ½個分
にんにくのすりおろし …… 2かけ分
しょうゆ …… 大さじ4
水あめ、みりん …… 各大さじ2

B にんじん（1.5cm幅の半月切り）…… 1本
ぎんなん …… 12個
酒 …… ½カップ

作り方

1 牛肉は水けをペーパーでふき、包丁で2cm間隔の切り込みを数本入れる。長ねぎ、にんにく、水とともに鍋に入れ、ふたをして中火にかけ、煮立ったら厚手のキッチンペーパーをのせ、ふたを少しずらしてのせて弱めの中火で30分ゆでる。

2 肉とゆで汁に分け、ゆで汁は1½カップ分をとっておく。鍋に肉を戻し入れ、Aを加えてさっと混ぜ、20分おく。

3 2にゆで汁、Bを加えて中火にかけ、煮立ったらふたをして弱火で1時間30分煮る。

※残ったスープは麺やスープ、煮ものに使うのもおすすめ

ドラマと料理の話

恋のスケッチ

～応答せよ 1988～

ソウルの横町で育った幼なじみ5人と、その家族の日常を描いた物語。青春ドラマでありながら、1980年代の暮らしや当時の社会情勢なども盛り込まれている。

堤 何度観たかわからないくらい好きなドラマで、周りにもすすめまくっています。

ワ タイトルにもあるように、1980年代後半の韓国が舞台。いろんな家庭の日常が見られる作品です。

堤 主役のドクソンと、彼女の幼なじみ4人のそれぞれの家族の物語で。ホームドラマで、コメディで、ラブストーリーの要素もあって、さらに当時の学生運動や受験の大変さなどもわかって、とにかくすばらしいドラマだと思います。

ワ すごく長いけど、飽きずに観続けられるし、今もどこかでドクソンたちが暮らしているんじゃないかって思いますよ。

堤 そう思わせるドラマってすごいですよね。で、料理が本当にたくさん出てくる！

ワ 1話からすごいですよね。それぞれの家のおかずから始まるのが印象的でした。

堤 本当に大好きなシーンです。オモニたちがその日作った夕食のおかずを、それぞれ子どもに持たせておすそ分けする。一軒、オモニのいない家があるんだけど、チゲだけだった食卓が、チャプチェやキムチやナムルでいっぱいになるんだよね。

ワ あのシーンでは、料理を通してそれぞれの家の事情を伝えていて、すごい。

堤 というわけで、今回は、その家ごとに紹介しています。最初のページは、宝くじが当たってお金持ちになった家のおかず。肉料理が多いんです。「カルビチム作るよ」って言うと、勝手に他の家の子どもまで集まってきちゃう。

…… p33につづく ⇨

プルコギ

特売の牛肉でも、
漬け込むことでぐんと風味がアップ。
好みで春雨を入れても、ボリュームが
増しておいしく仕上がります。

材料 2人分

牛切り落とし肉 …… 200g

A
- 玉ねぎのすりおろし …… ¼個分
- にんにくのすりおろし …… 2かけ分
- しょうゆ、酒、ごま油、オリゴ糖（p126参照・または水あめ）※ …… 各大さじ1½
- 粗挽き粉唐辛子 …… 大さじ1

B
- 玉ねぎ（薄切り）…… ½個
- にんじん（せん切り）…… 4cm
- 生しいたけ（薄切り）…… 3枚

水 …… ¼カップ

白すりごま …… 大さじ2

えごまの葉（p127参照）…… 適量

※または砂糖大さじ1

作り方

1 ポリ袋にAを入れて混ぜ、牛肉を加えてもみ込み、冷蔵室で2時間～ひと晩おく。

2 フライパンに1、B、水を入れ、中火で全体に火が通るまで4分炒める。すりごまを加えて器に盛り、粗挽き粉唐辛子（分量外）をふり、えごまの葉を添えて包んで食べる。

※脂身が多い牛肉の場合は、しょうゆを大さじ2にして

ハイガイ風
あさりのピリ辛だれ

韓国では「ハイガイ」で作る料理を、あさりでアレンジ。
たれを 2 回に分けて加えると、しっかり味がついて
おつまみにピッタリです。

材料　３～４人分

あさり（砂出ししたもの）…… 600g

A
- 酒 …… ¼カップ
- しょうゆ …… 大さじ２½
- 水 …… ２カップ

【たれ】
- にら（小口切り）…… ½束
- にんにくのすりおろし …… ２かけ分
- 韓国青唐辛子（p127参照）※・赤唐辛子の粗みじん切り …… 各½本分
- しょうゆ、ごま油 …… 各大さじ１
- 梅エキス（p126参照）、水あめ、粗挽き粉唐辛子 …… 各小さじ２

※またはししとう

作り方

1 フライパンにあさり、**A**を入れて中火にかけ、菜箸で混ぜながらあさりの殻が開くまで煮、バットなどに取り出す（粗熱がとれたら、手で貝を完全に開く）。

2 たれの材料を合わせ、半量をあさりに加えて混ぜ、器に層になるように円形に盛り、残りのたれを回しかける。

これしか作れないアボジの
愛情たっぷり料理

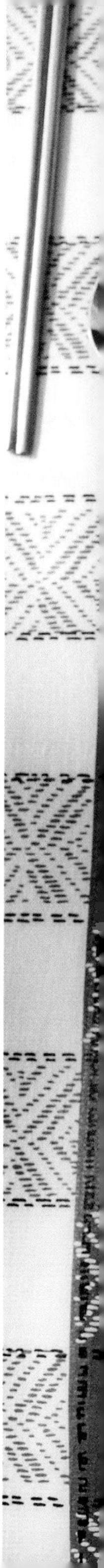

キムチチゲ

チゲといえば、まずこれ。キムチは色が濃くなるまでしっかり炒めるのがコツです。うまみが引き出されて、奥深い味になります！

材料 2人分

白菜キムチ（ざく切り）…… 100g
豚バラ薄切り肉（2㎝幅に切る）
…… 100g
木綿豆腐（6等分に切る）…… ½丁（150g）
煮干し（頭とワタを除く）…… 6尾
にんにくのすりおろし …… 1かけ分
水 …… 2½カップ
みそ …… 大さじ½
ごま油 …… 小さじ2

作り方

1 煮干しは鍋に入れ、弱火で30秒からいりする。ごま油を加えて中火にし、キムチ、塩、こしょう各少々（分量外）をふった豚肉を加え、1分30秒炒める。

2 キムチの色が濃くなったら水、にんにくを加え、煮立ったらふたをして中火で10分煮る。豆腐を加えてさらに1分煮、みそで味を調える。

※好みで雑穀ごはんを添えて食べる

ドラマと料理の話

ワ みんなお肉が好きなんだなぁ。p26〜27の3品は、どれも韓国では定番料理で、ごはんがすすむ味つけですよね。p30のハイガイ風は、ドクソンの家のおかず。

堤 ドクソンのアボジの大好物として登場します。韓国のドラマで時々「ハイガイ」という貝が出てくるんですが、日本では手に入りにくいので、あさりで作りました。そして、冒頭の話にも出たチゲ。これはオモニがいない家で、アボジが唯一作れるメニューという設定なんです。

ワ 日本でいうとみそ汁というか、豚汁みたいな感じでしょうか。これとごはんさえあればいい、みたいな。

堤 うんうん。で、最後のククスは最終回近くで登場する麺料理です。結婚を反対するオモニどうしがぎこちないながらも集まって、これを作りながら仲直りをする。ククスって結婚式で食べるものらしいから、そういう意味もあったのかな？なんて推測しました。

ワ なるほどー。ククスもそうだけど、オモニたちがよく集まっていたのも印象的でした。みんなで一緒に市場に買い出しに行って、屋台でごはんを食べたり、外の縁台で一緒ににんにくやもやしの下処理をしたり。

堤 いいですよねぇ。あとは、他のページ（p95）で紹介するんですが、アボジのいない家もあって、そこのオモニは料理が苦手。薄いカレーを作ったり、お弁当の中身が単品だったり。

ワ 学校でのお弁当も、見ていておもしろかったです。それぞれの家庭の事情がなんとなくわかる。

堤 当時は珍しかったナポリタンを、オモニたちが妄想で作るのもおもしろかった！

ワ 手づかみでガーッと混ぜちゃう（笑）。

堤 あれは衝撃だったね（笑）。飾らない韓国の食卓風景が見られるし、もちろんストーリーもいいし、愛すべきキャラクターばかりなので、心からおすすめするドラマです。

ククス

**煮干しと干しだらを使ったアツアツのだし汁が、
滋味深い一品です。たれ、キムチなどの具の量は、
好みでアレンジしてください。**

材料 4人分

そうめん …… 8束（400g）

【スープ】

大根（皮ごと縦半分に切る）…… 3㎝（100g）
玉ねぎ …… ½個
煮干し（頭とワタを除く）…… 10尾
昆布 …… 10㎝
干しだら（p127参照）…… 10g
あれば万能ねぎの根 …… 6本分
水 …… 1.2ℓ

しょうゆ …… 小さじ2
白菜キムチ（ざく切り）…… 150g

A
にら（4㎝長さに切る）…… 1束
粗挽き粉唐辛子 …… 小さじ2
しょうゆ、いわしエキス（p126参照）…… 各小さじ½

【たれ】

コチュジャン …… 大さじ2
白すりごま …… 大さじ1
梅エキス（p126参照）…… 小さじ2
しょうゆ …… 小さじ1

作り方

1 煮干しは鍋に入れて弱火で30秒からいりし、その他のスープの材料を加え、煮立ったらふたをして弱火で20分煮る。ざるでこし、しょうゆで味を調える。

2 **A**、たれの材料はそれぞれ混ぜておく。そうめんは袋の表示通りにゆで、冷水で洗い、水けをきって器に盛る。キムチ、**A**をのせ、たれを小さじ1ずつかけ、温めた**1**のスープを注ぐ。

結婚を反対する
親どうしが
これで仲直り！

カルグクス
大きな鍋で
出てくるのが
新鮮でした！

賢い医師生活

同僚たちで仕事中に出前をとったり、帰宅時に食べに行ったり。
忙しい医師や看護師たちが、モリモリ食べる姿が
気持ちのいいドラマ。もちろん内容もすばらしいです。

コングクス

夏になったんだ、と気づかせる役割の麺

カルグクス

細めのうどんかそうめんを使うと、
本場のククスに近い仕上がりに。
あさりのだしがしみわたる、やさしい味わいの麺料理です。

材料 2人分

うどん（乾麺）…… 160g
あさり（砂出ししたもの）…… 200g
玉ねぎ（薄切り）…… ⅓個
にんにく（つぶす）…… 1かけ
ホバク（p127参照・5㎜幅の半月切り）
…… ⅓本（100g）※
A | だし汁（煮干し）…… 2 ½カップ
　| 酒、みりん …… 各大さじ1
いわしエキス（p126参照）…… 大さじ1
白いりごま …… 適量

※またはズッキーニ

作り方

1 鍋に**A**、玉ねぎ、にんにく、ホバクを入れて中火にかけ、煮立ったらあさりを加え、再び煮立ったらアクをとる。

2 ふたをして弱めの中火であさりの口が開くまで2分煮、いわしエキスを加える。

3 うどんは袋の表示通りにゆで、冷水で洗って水けをきり、**2**に加えひと煮立ちさせる。器に盛り、いりごまをふる。

ドラマと料理の話

ワ このドラマはシーズン2まであって、すごく人気ですね。どのエピソードも心に残る温かい物語で、泣かされっぱなしでした。

堤 p26で紹介した『応答せよ』シリーズと同じ脚本家、プロデューサーで。どちらも絶対的な悪役が出てこないドラマなんです。

ワ それがいいですよね。悪役はいないし、医療ドラマにありがちな派閥争いとか出世競争もない。ひたすら主役5人の医師たちの現場でのできごとや、日常が描かれていて。

堤 医師として悩みながら、さまざまな問題にぶち当たりながら、ね。5人とそれを取り巻く人たちの姿を描いていくドラマ。5人は同期で、それぞれ専門分野が違うんだけど、とにかくよく集まってる。

ワ いい関係性ですよね。ひとりが悩んでいたら、誰かがさりげなく一

賢い医師生活

医大の同期であり、同じ病院で働く医師たちの日常をリアルに描いた物語。お互いを思いやり、誇りを持って働く姿が印象的な大ヒットドラマ。

写真：Everett Collection/ アフロ

コングクス

夏の定番料理。ほのかなコクがあって、
疲れていてもするりと食べられます。
きゅうりやゆで卵、キムチをのせるのもおすすめ！

材料 2人分

そうめん …… 4束（200g）
絹ごし豆腐 …… ⅔丁（200g）
A | 豆乳（成分無調整）、だし汁（煮干し） …… 各¼カップ
  | いわしエキス、オリゴ糖（p126参照・または水あめ） …… 各大さじ1
  | しょうゆ …… 小さじ1
ミニトマト …… 10個
白いりごま …… 適量

作り方

1 豆腐はざるで裏ごしし、**A**を加えてよく混ぜ、冷蔵室で冷やしておく。
2 そうめんは袋の表示通りにゆで、冷水で洗い、水けをきって器に盛る。**1**を注いでミニトマトを加え、いりごまをふる。
※好みでたくあんを添えて食べる

写真：Everett Collection/アフロ

緒にいてあげたり、外に連れ出したり。医師として真剣に命に向き合う一方で、みんなで集まるとワイワイしてて楽しそうで。何かというと一緒にごはんを食べているシーンが出てきます。

堤 いつも誰かしらが誘って、集まって食べてる印象。5人一緒のこともあれば、バラバラのこともあるけど、いつもおいしそうで。

ワ 現場では出前が多いし、仕事終わりも自炊はせずに、みんなで外食に行くのがほとんどでした。

堤 外食に行くと、お母さん思いのソッキョンが、さりげなくテイクアウトするシーンが何度か出てくるんですよね。気がつくと手に袋を持っていて、みんなの分も頼んであったりして。ククス（麺料理）の店でまで持ち帰りするのはびっくりした！ 麺がのびないのかな……。

ワ 本当に（笑）。5人で一緒に食べるから、ククスが大鍋で出てくるのも新鮮でした。サムギョプサル（豚バラ肉の焼き肉）も、大食いの2人がたくさん食べちゃって追加注文するシーンとか、ソンファが鉄板まで欲しがるとか、おもしろくて。

堤 ソンファは雨が好きっていう設定もいいですよね。雨の日に「ごはん食べに行こう。ジョン？ スジェビ？」って、イクジュンが聞くシー

……p41につづく ⇦

みんなで
奪い合うように
食べるのが楽しい！

焼き肉

豚肉は強めの火でカリッと焼くと、
香ばしさが増しておすすめ。
葉野菜は、たっぷり用意してください。
たれやキムチで好きにアレンジを。

材料 3～4人分

豚ロース肉とんかつ用 …… 3枚（400g）
塩 …… 小さじ½
エリンギ（縦に薄切り）…… 3～4本
にんにく（縦半分に切る）…… 3かけ
ごま油 …… 小さじ2
【たれ】
にんにく・しょうがのすりおろし …… 各½かけ分
コチュジャン …… 大さじ1
粗挽き粉唐辛子、梅エキス（p126参照）…… 各小さじ2
オリゴ糖（または水あめ）、いわしエキス（p126参照）…… 各小さじ1
サンチュ、えごまの葉（p127参照）、白菜キムチ…… 各適量

作り方

1 豚肉は水けをふき、すりこ木などで両面を軽くたたき、塩をすり込む。

2 鉄板やホットプレートにごま油を熱し、1を入れてこんがり焼き、エリンギ、にんにくも加えてこんがり焼く。豚肉が両面焼けたらキッチンばさみで2cm幅に切り、切り口も焼いてしっかり火を通す。

3 豚肉を食べやすく切り、好みの葉でキムチ、エリンギとともに包み、混ぜたたれをつけて食べる。

ドラマと料理の話

ンは、なるほどと思いました。

ワ 韓国では雨の日に食べたくなるものとして、ジョンとスジェビ、ククスがあるんですもんね。イクジュンは、妹に対してもやさしくて。シーズン2では、コングクスを食べに行くシーンで、ミニトマトをとっちゃったりしてキュートなんですよね。

堤 妹と同僚がつきあって別れたのを知っていて、あえて何も言わずね。コングクスで夏を表現して、その後もふたりでトックを食べたから、年末年始が過ぎたんだなーと、食べ物で季節の移り変わりを表現しているのがすばらしかった！

ワ あとは、3章で紹介するようなオモニ手作りの料理も、一時停止して見入ってしまうシーンが多い。

堤 ジョンウォンのオモニ！ 息子が帰ってくると、いつもうれしそうに手料理をふるまっていたし、普段の料理もキムチやナムルがたくさん並んでいて。どんなものも手作りするのが当たり前というオモニだよね。

ワ 出前や外食が多いなかで、手料理らしいものが出てくるのはオモニのシーンだったかもしれません。

堤 5人に限らず、出てくる人たちがみんなおいしそうに、たくさん口に頬張るのがいい。

ワ あれもこれも食べたくなってしまう作品ですね。

雨の日に
ジョンと迷って、
こちらを
選ぶんです

スジェビ

韓国風のすいとんです。
お腹をポカポカにしてくれるやさしい一品。
生地をしっかり休ませると、
口当たりよく仕上がります。

材料 2人分

- 中力粉 …… 100g
- 塩 …… 小さじ¼
- 水 …… 大さじ4

ホバク（p127参照・5㎜幅のいちょう切り）
…… ¼本（70g）※

長ねぎ（斜め薄切り）…… ¼本

A
- だし汁（煮干し）…… 2½カップ
- 酒 …… 大さじ1
- しょうゆ …… 小さじ1
- 塩 …… 小さじ⅓
- にんにく（つぶす）…… ½かけ

※またはズッキーニ

作り方

1 ボウルに中力粉、塩、水を入れて混ぜ、生地を内側に折りたたみながら、手につかなくなるまでしっかりこねる（生地がかたければ、水大さじ1を足す）。ひとまとめにしてラップで包み、冷蔵室で30分～1時間休ませる。

2 鍋にA、ホバク、長ねぎを入れて中火にかけ、煮立ったら1を小さめのひと口大にちぎって入れ、浮いてきてからさらに2～3分煮る（アクが出たらとる）。

もの足りないくらいが
ちょうどいい、らしい

恋愛体質
～30歳になれば大丈夫

ドラマの制作現場が舞台で、
ドラマ好きにはたまらない作品です。
主役の女性３人が共同生活をしていて、
焼き肉をしたり出前をとったりと、どれもおいしそうで必見。

平壌《ピョンヤン》冷麺

少し手間ですが、水キムチから挑戦を。劇的なおいしさというより、数日後にまた食べたくなるような奥深い味です。

材料 2人分

冷麺（乾麺・そば粉のもの）…… 120g

A
- 牛肉のスユクのゆで汁（p49 参照）[※1] …… 2カップ
- 水キムチの漬け汁（※左記参照）…… ½〜⅔カップ[※2]
- いわしエキス（p126 参照）…… 大さじ1

大根の塩もみ、きゅうりの塩もみ、牛肉のスユク（p49 参照）、ゆで卵など …… 各適量

※1 または、水1½カップに鶏ガラスープの素小さじ2を溶いたもの

※2 または、水½カップに酢大さじ½を混ぜたもの

作り方

1 Aは合わせ、冷蔵室で冷やしておく。

2 冷麺は袋の表示通りにゆで、冷水で洗い、水けをきって器に盛る。1を注いで好みの具をのせ、麺をキッチンばさみで食べやすく切り、好みで酢（分量外）をかけながら食べる。

水キムチ

材料 3〜4人分

A
- 白菜（ざく切り）…… 1枚
- 大根（いちょう切り）…… 3cm（100g）
- かぶ（いちょう切り）…… 1個
- かぶの葉（4cm長さに切る）…… 1個分
- 赤・黄パプリカ（1cm角に切る）…… 各½個

塩 …… 小さじ½

B
- 米のとぎ汁（なければ水）…… 2カップ
- 砂糖 …… 大さじ1
- 塩 …… 小さじ⅓
- にんにく（せん切り）…… 1かけ
- しょうが（せん切り）…… 1かけ
- りんご（皮ごといちょう切り）…… ¼個

作り方

Aは合わせて塩をなじませ、20分おき、水けをペーパーでふく。混ぜたBに加え、直射日光の当たらない場所にひと晩置いて発酵させる。小さな泡が出て酸っぱい香りがしてきたら、冷蔵室で保存する。

※冷蔵室で2週間ほど保存可能

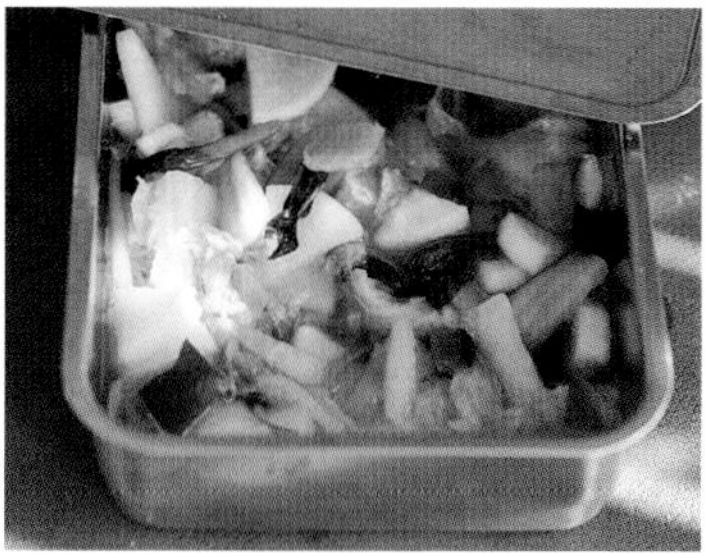

ミナリ焼き肉

とにかくミナリ＝せりをたっぷり用意してください。肉とせり独特の風味の組み合わせが絶妙で、次もこうしよう！と思うはずです。

「焼き肉には、
ねぎよりせりよ」は
本当でした！

材料 2～3人分

牛カルビ肉（焼き肉用）…… 12枚（400～500g）
せり（食べやすく切る）…… 2束（200g）
大根（ごく薄い輪切り）…… 4cm（120g）
ごま油 …… 大さじ1
えごまの葉（p127参照）、サンチュ、
韓国青唐辛子（p127参照・小口切り）、
白菜キムチ、たれ（p41参照）など …… 各適量

作り方

1 大根は5％の塩水（水1カップ+塩小さじ2）に1～2時間つける。牛肉は焼く直前に塩少々（分量外）をふる。

2 ホットプレートにごま油を熱し、牛肉を入れて両面をこんがり焼く。せりも加え、しんなりするまで焼く。

3 えごまの葉に牛肉、せり、キムチをのせ、1の大根、たれなどを好みで加えて食べる。

恋愛体質
～30歳になれば大丈夫

駆け出しの脚本家を主人公に、共同生活をしている女性たちの日々を描く。大ヒットドラマのパロディもあり、韓国ドラマの裏事情もユーモアたっぷりに伝える。

DVD-BOX 1&2 16,500円（税込）
発売元：クロックワークス
販売元：TCエンタテインメント

ドラマと料理の話

ワ この作品は、タイトルだけ見るとラブストーリーかと思うけれど、そうじゃないんですよね。ドラマの制作現場が舞台で、ものすごくウィットに富んだいい作品だと思います。いろいろなドラマを観てからのほうが楽しめるかもしれませんね。

堤 うんうん。いろいろなドラマのオマージュやパロディシーンもあるし、ドラマ制作の裏事情をおもしろおかしく描いてくれているから、それがわかる状態になってから観たほうがより楽しめるかもしれません。ドラマの世界と現実とがごちゃ混ぜ

……p49につづく⇦

牛スユク鍋

ゆでた牛すね肉は、常備しておくと便利。
この鍋以外にも冷麺などの
麺料理の具や、細かく刻んで
チャーハンにもぴったりです。

牛肉のスユク

材料 3～4人分

牛すね肉 …… 600g
塩 …… 小さじ⅔
梨、りんご、玉ねぎ …… 各½個
にんにく（つぶす）…… 1かけ
しょうが（皮ごと薄切り）…… 1かけ
乾燥なつめ（p127参照）…… 3個
酒、みりん …… 各½カップ
水 …… 1.5ℓ

作り方

1 牛すね肉は常温に戻し、表面の水けや血などの汚れをペーパーでふく。鍋に入れ、かぶるくらいの水を加えてふたをして中火にかけ、煮立ったら弱めの中火で10分ゆでる。湯をきって水けをふき、全体に塩をなじませる。

2 鍋を洗い、1、その他の材料をすべて入れてふたをして中火にかけ、煮立ったらアクをとり、弱火で2時間ゆでる。肉とゆで汁に分ける。

材料 2～3人分

牛肉のスユク（※左記参照・薄切り）…… 250g
えのきだけ（ほぐす）…… 1袋（100g）
長ねぎ（小口切り）…… ¼本
A 牛肉のスユクのゆで汁（※左記参照）…… 1½カップ
しょうゆ …… 大さじ1
コチュジャン …… 小さじ½～1

作り方

平鍋（または土鍋）にAを入れて煮立たせ、周りにスユクを並べ、まん中にえのき、長ねぎを加えて中火でさっと煮る。

クラブ帰りの
3人が、
おいしそうに
食べてた鍋！

ドラマと料理の話

になってくる感じもあるし、不思議なおもしろさがあります。

ワ 主人公は脚本家なんですが、親友の2人もほぼ主役な感じです。ひとりは映画監督で、もうひとりはドラマのマーケティングの仕事をしている。その3人が一緒に暮らしていて、食事シーンがいつもおいしそうでたまらない！　厳密には、それぞれの弟と子どもも一緒で、5人暮らしという設定です。

堤 みんな働いているから、基本的に一緒に食べるのは夜ごはんが多いんだけど、誰かがなんとなく準備してみんなで食べる、みたいな。あとは、ソファまわりに集まってグダグダ話しながら、ビールを飲んで出前をとったり。

ワ この女性3人と、主人公とタッグを組む監督や弟まで、みんなおいしいものが好きだから、料理シーンになると何かしらこだわりがあって。

堤 最初の平壌（ピョンヤン）冷麺は、まさにその脚本家と監督がふたりで食べに行くメニューですね。

ワ 脚本家のジンジュが食べたことがないと話すと、監督が「人生損してる」と。さらには「もの足りない味なのに、次の日ふと思い出す。もう抜けられない」みたいなことを言うんです。

堤 うまいよねー、確かにそうだな

…… p50につづく ⇦

ハットク

ホットケーキミックスでも作れますが、
あえて白玉粉と小麦粉で。
もっちり感が出て、
より本場の味に近づけるので
おすすめです。

ドラマと料理の話

と思う。水冷麺（平壌冷麺）って、インパクトはないけど、なんともいえない滋味深さと上品さがある。

ワ そうそう！ だし汁と細い麺の食感が忘れられなくなるんですよね。ほかにも、印象的な食事シーンがいっぱいで。「サムギョプサルには、ねぎよりせりよ」っていうセリフも忘れられません。すぐにやってみたい！って思いました。

なぜか無性に
食べたくなって
夜に出前を
頼んでしまう味

材料　6本分

ソーセージ …… 3本
さけるチーズ …… 3本

A
- 白玉粉 …… 120g
- 砂糖 …… 大さじ2
- 水 …… 80㎖

B
- 薄力粉（ふるう） …… 80g
- ベーキングパウダー …… 小さじ½
- 溶き卵 …… 1個分（50g）
- 牛乳 …… ¼カップ

サラダ油 …… 大さじ1
さつまいも（皮ごと1㎝角に切る）、パン粉、揚げ油、グラニュー糖 …… 各適量

作り方

1 ボウルにAを入れ、ゴムベラでなめらかになるまで混ぜ、Bを上から順に加え、全体になめらかに混ぜる。サラダ油を加えてひとまとめにし、ラップで包んで冷蔵室で30分休ませる。

2 ソーセージ、チーズはそれぞれ棒に刺し、1を6等分して手のひらに広げたもので包み、好みで周りにパン粉をまぶしたり、さつまいもをうめ込む。

3 中温（170℃）に熱した揚げ油に入れ、時々返しながらきつね色になるまで4分揚げ、好みでグラニュー糖をまぶす。

※ケチャップやマスタードをつけて食べても

堤　これが合うんですよね。無言でうなずきながら食べる気持ちがわかりました。あっという間にせりがなくなっちゃうくらいです。

ワ　牛スユク鍋は、クラブ帰りに寄ったお店で3人がモリモリ食べているシーンを見て、完全な妄想で作ってみました。

堤　本当においしそうに食べるんだよね。おいしいもの好きという設定だから、3人が認めた味となるとなおさら、ね。「背徳の深夜のラーメン」って言って、3人でひとつの鍋から食べるのもいい。ただのインスタントラーメンが、妙に魅力的に見えてくるんです。

ワ　夜お腹がすいちゃって、どうしても食べたい気持ちが伝わってくるんですよね。同じように、夜にハットクの出前を頼むシーンもよかったです。

堤　夕食を食べた後だけど、子どもが食べたいって言って、みんなでかぶりつく。ビール飲みながら。

ワ　何の意味があるのかと思うけれど、子どもとのやりとりがその後に効いてきたりして。説明しすぎないストーリーもいいし、名ゼリフが多いので見どころ満載で、これも何度も観返したくなる作品です。ただし空腹で観るのは危険です（笑）。

ナビレラ
― それでも蝶は舞う ―

バレエを習うおじいさんと、教える青年の物語。
老夫婦がそれぞれ作る家庭料理は、どれも素朴でおいしそう。
誰かのために作る料理の温かさが伝わってきます。

牛肉のお粥

**たんぱく質もしっかりとれるので、
風邪をひいた時にもおすすめの一品。
ドラマ同様、保存容器に入れてみました。**

材料 2～3人分

米 …… 1合
もち米 …… ½合
牛もも薄切り肉（細切り）…… 150g
A | 塩、こしょう …… 各少々
　| にんにくのすりおろし …… ½かけ分
ホバク（p127参照・みじん切り）…… ½本（150g）※
水 …… 1.2ℓ
B | 塩 …… 小さじ½
　| しょうゆ（あれば薄口）…… 小さじ1
ごま油 …… 小さじ2

※またはズッキーニ

作り方

1 牛肉はAをもみ込む。米ともち米は合わせて洗い、30分ほど浸水させる。

2 鍋にごま油を熱し、牛肉、ホバクを入れて中火で1分30秒炒める。水けをきった米、もち米を加え、米が透き通るまで1分30秒炒める。

3 水を加え、混ぜながら強火で煮立たせ、ふたをして時々混ぜながら弱火で20～30分煮る。Bを加え、さっと混ぜる。

あわび粥

**日本のお粥の作り方とは違って、
最初に米を炒めてから煮込みます。
あわびを入れるのはちょっと贅沢ですが、
元気になること間違いなしです。**

材料 2～3人分

米 …… 1合
もち米 …… ½合
あわび（よく洗ってナイフなどで殻から身をはずし、肝は別にする）…… 2個
酒 …… 大さじ2
水 …… 1.2ℓ
A | 塩 …… 小さじ½
　| しょうゆ（あれば薄口）…… 小さじ1
ごま油 …… 小さじ2

作り方

1 米ともち米は合わせて洗い、30分ほど浸水させる。あわびの身は薄切りにし、肝はたたくかざるで裏ごしし、酒を加えてのばす。

2 鍋にごま油を熱し、水けをきった米、もち米を入れ、中火で米が透き通るまで1分30秒炒める。

3 水を加え、混ぜながら強火で煮立たせ、あわびの身を加え、ふたをして時々混ぜながら弱火で20～30分煮る。A、あわびの肝を加え、さっと混ぜてひと煮する。

鶏のスープ

鍋に入れっぱなしでできる、手間いらずのスープです。1羽丸ごとがむずかしい場合は、骨つきの手羽先や手羽元を使うと、うまみが出ておすすめ。

材料　4～6人分

丸鶏（羽と頭、足先、内臓を除いたもの）
　……1羽（1.5kg）
塩……小さじ2
A｜長ねぎ（4cm長さに切る）……1本
　｜にんにく……4かけ
　｜高麗人参（あれば）……小2本
　｜水……1.2ℓ
乾燥なつめ（p127参照）……8個

作り方

1 丸鶏はよく洗い、水けをペーパーでふき、表面に塩をしっかりまぶす。鍋に**A**とともに入れ、中火にかける。

2 煮立ったらアクをとり、なつめを加え、厚手のキッチンペーパーをのせ、ふたを少しずらしてのせて弱めの中火で1時間30分煮る。

3 鶏肉をほぐし、スープとともに器に盛る。好みで鶏肉に塩、こしょう（分量外）をつけて食べる。

ドラマと料理の話

堤 バレエを踊れるようになりたいという70歳のハラボジ(おじいさん)と、バレリーノである青年のお話。青年チュロクを、「Netflix の息子」と呼ばれるほど人気のソン・ガンが演じています。

ワ チュロクがハラボジにバレエを教えていくなかで、お互いにすごく思いやっている姿に泣けました。

堤 ハラボジはチュロクのマネージャーでもあるから、当然体を気遣うんだけど、なんかもう、孫や子のように見てる感じですよね。チュロクも最初はツンツンしてるのに、少しずつハラボジに対して家族のような気持ちを抱いていって。

……p56につづく⇦

ナビレラ
―それでも蝶は舞う―

幼いころから憧れていたバレエに挑む70歳の老人と、バレエダンサーの青年が出会い、それぞれに影響を与え不思議な絆で結ばれていく物語。

写真：Everett Collection/ アフロ
Netflix にて配信中

老夫婦の温かな心が
しみ出たスープです

ドラマと料理の話

ワ ただバレエを教える、教えられるという立場じゃなくなっていく過程がいい。

堤 どの登場人物も魅力的なヒューマンドラマなので、あまり料理の印象はないかもしれませんが、意外と出てくるんです。

ワ 老夫婦の日常のなかに、家庭料理がいろいろ出てきますもんね。

堤 そうなんです。今回はハラボジが作るお粥や、ハルモニ(おばあさん)の手料理を取り上げました。老夫婦が作る料理は、手間も時間もかかっていて愛情が伝わってくるな、と。

ワ チュロクが風邪をひいた時に作ってくれるお粥が、本当においしそうでした。具材にあわびや牛肉を使うという贅沢さ。

堤 あわび粥は他のドラマでもよく登場するけど、元気になってほしいからこその食材なのかもしれないね。

ワ そうかも。あと、チュロクのためにハルモニがあれこれ作るシーンもすごくよかったです。

堤 コンクールの結果待ちで、そわそわしているチュロクを休ませるんですよね。まず食べさせて、昼寝させて、起きたらまた食べさせるっていう、実家みたいな。

ワ もう、愛しかない。甘やかし。

堤 とにかく食べさせたいという感じから、チュロクのことがかわいく

焼きさばのコチュジャンだれ

こんがり焼いたさばに、コクのあるたれがぴったり。いつもの焼き魚が、あっという間に韓国風に仕上がります。

材料　2人分

さば（三枚おろし）…… 1尾分（350g）
塩 …… 少々
【たれ】（作りやすい分量）
　コチュジャン、しょうゆ、ごま油
　　…… 各大さじ1
　梅エキス（p126参照）…… 小さじ2
　にんにくのすりおろし …… 1かけ分
ごま油 …… 小さじ2
万能ねぎ（小口切り）…… 6本

作り方

1 さばは塩をふって10分おき、水けをふく。ごま油を熱したフライパンに皮目から入れ、中火で片面2分30秒ずつこんがり焼き、器に盛る。

2 たれの材料を混ぜ、1に大さじ3かけ、万能ねぎを散らす。

※残ったたれは、揚げもの、焼いた豚肉や鶏肉などにつけて食べるとおいしい

て仕方ない、老夫婦の気持ちが伝わってきます。

【ワ】ネタバレになるので詳しくは言いませんが、さば料理はハラボジの体調が悪くなった時の……。

【堤】まず、魚を食べさせなくちゃっていうハルモニの気持ち。さば料理がずらりと並んだテーブルが印象的でした。

【ワ】あとからその理由がわかるのもいいんですよね。

【堤】うんうん。ストーリーがすばらしいのはもちろんですが、さりげなく料理が愛情表現の役割を担っているのかな、と感じられるドラマです。

おにぎり
ウニが出勤の車で もぐもぐ食べます
甘鯛のスープ

私たちのブルース

済州《チェジュ》島を舞台にしているので、
島ならではの料理や市場の雰囲気がわかる作品。
観ていると魚料理を食べたくなるし、
活気のある市場にも行ってみたくなります。

太刀魚《たちうお》とかぼちゃ、ほうれんそうのスープ

済州島といえば、太刀魚！
孫のために作るスープです
魚料理ばかりで
孫のウンギが
泣いちゃいます

太《た》刀《ち》魚《うお》とかぼちゃ、ほうれんそうのスープ

魚は酒蒸しすると、臭みがとれてふんわりします。本場では若い白菜を使うこともありますが、より手軽なほうれんそうにしています。

材料 3～4人分

- 太《た》刀《ち》魚《うお》（塩少々をふって15分おき、水けをふく）…… 4切れ
- かぼちゃ（種とワタを除き、薄切り）…… ⅒個（120g）
- ほうれんそう（4cm長さに切る）…… 2株
- にんにくのすりおろし …… 1かけ分
- 酒 …… ½カップ
- 水 …… 1ℓ
- アミの塩辛（p126参照）…… 小さじ½
- 塩 …… 小さじ⅓

作り方

1 鍋に太刀魚、酒を入れ、ふたをして中火で5分蒸し煮にし、水を加えて煮立ったら、アミの塩辛を加えて弱めの中火で10分煮る。

2 かぼちゃ、にんにくを加えてふたをして3分煮、塩で味を調える。ほうれんそうを加え、さっと煮る。

ドラマと料理の話

堤 済州島に住む人たちの群像劇なので、自然と島の生活がわかる作品になっています。市場で働く人たちが多く登場しますね。

ワ オムニバス形式なので、その回ごとに主役が変わるのですが、印象的なのはやっぱり魚の卸しをしているウニかなぁ。豪快に太刀魚をさばいて売っている姿が印象的でした。

堤 太刀魚が島の名産なんだなって、伝わってきますよね。ウニが出勤する時に車の中で食べたり、家に作りおきしているおにぎりが妙においしそうで。

ワ ねー！ 韓国のりを混ぜているだけだろうに、食べたくなります。私も、車の窓越しに投げられたい。

堤 p62のフェは、ウニさんが親友のミランのために魚をさばいているシーンから連想して作ってみました。

私たちのブルース

済州《チェジュ》島で暮らす14人の人々を主人公にしたオムニバスストーリー。人情味あふれる多様な人生を描いたドラマで、それぞれの話が絶妙に重なり合う構成。

写真：Everett Collection/アフロ

Netflixにて配信中

おにぎり

**日本の塩むすびのような、
素朴なおにぎり。
ごま油の風味が口いっぱいに
広がります。**

材料 3個分

ごはん …… 茶碗3杯分（450g）
韓国もみのり（p127参照）…… 15g
ごま油 …… 小さじ2
塩 …… 少々

作り方

ごはんにその他の材料を加えてさっくり混ぜ、ラップで丸くにぎる。

甘鯛のスープ

**鯛のおいしさを存分に味わえる、
シンプルなスープ。
アミを入れると味が引き締まり、
ぐっとうまみも増します。**

材料 3～4人分

甘鯛（塩少々をふって15分おき、水けをふく）
…… ½尾（半身）
酒 …… ½カップ
A 大根（細切り）…… 3cm（100g）
にんにくのすりおろし …… 1かけ分
水 …… 1ℓ
アミの塩辛（p126参照）…… 小さじ1
塩 …… 小さじ⅓

作り方

鍋に食べやすい大きさに切った甘鯛、酒を入れ、ふたをして中火で5分蒸し煮にし、**A**を加えて煮立ったら、弱めの中火で15分煮る。アミの塩辛、塩で味を調える。

きっとこんな料理を食べさせたかったんじゃないかな、と。

ワ ミランのためにみんなでジョンを焼いたり、チャプチェを作ったりしているなか、ウニさんが魚をさばこうとしてるんですよね。

堤 そうそう。だけどミランはすっぽかしちゃうから、結局作られず、食べられなかった料理です。みんなであれこれ作っている姿もすごくよかった。あんなふうに集まってやるんだなって。

ワ いいですよね。あと、海女さんたちもかわいらしかった。厳しくもあり、やさしくもあり、人情のかたまりっていう感じ。

堤 その海女さんのひとりが主役の回があって、小さな孫を急に預かることになるんです。で、いつもの朝ごはんを出すんだけど。

ワ 洋食ばかり食べている子だから、魚が食べられない。目が怖いっていうから取り除いてあげても、嫌だって泣きじゃくるんです。

堤 でも魚料理しか作れないから、あれこれ工夫して作るのがこういうスープ。魚がまるごと一尾入っているのもあったんですが、作りやすいように切り身にしました。

ワ 鯛がどーんと入っているのは、島ならではでしたね。スープといえば、市場の中にもお店がありましたよね。

…… p62につづく ⇦

フェ
（白身魚の刺身）

**日本でいうお刺身ですが、
甘酸っぱいたれと青唐辛子が定番です。
ひらめや鯛、かれいなどの白身魚が多いそう。
たれはサイダーでのばし、甘みもつけます。**

材料 3～4人分

ひらめの刺身（または石鯛や鯛・7㎜幅に切る）…… 2さく（300g）
紫玉ねぎ（横に薄切り）…… ½個
レモン …… 半月切り2切れ
韓国青唐辛子（p127参照・斜め切り）…… 1本※
おろしわさび …… 少々

【たれ】
コチュジャン …… 大さじ2
梅エキス（p126参照）、酢、サイダー …… 各大さじ1

※またはししとう

作り方

器に紫玉ねぎを敷き、ひらめを並べ、レモン、青唐辛子、わさびを添える。混ぜたたれをつけて食べる。

ウニは親友に、新鮮なお刺身を食べさせたかったんだろうな

ドラマと料理の話

堤 あったあった！ ウニの同級生が営むスンデ（腸詰め）スープ屋さん。その子どもたちの自立の話は印象的だったよねぇ。スープ屋さんは市場の入り口にあって、周りで働く人たちが仕事の合間にさっと食べに来る感じがよかったなぁ。スンデはなかなか手に入りにくいので紹介していませんが、食べてみたいです。
ワ 済州島に行きたくなりますね。
堤 ソウルとはまた違った食文化があるだろうから、ぜひ行ってあれこれ見たり食べたりしたいです。

ドラマの疑問、チョン先生に教えてもらいました②

韓国の行事と食事の関係について

ドラマやバラエティを観れば観るほど感じるいろいろな疑問。あのシーンのあの料理はどんな意味？　あそこであれを食べるのはどうして？　その答えを知るべく、紀行作家のチョン・ウンスクさん（p22）にお話を聞きました。

Q お祝いの席やおもてなしでは、鶏のスープ（p54）が定番ですか？

A 1960年代ごろは、鶏肉を使った料理はとても贅沢なものでした。**鶏を飼う家も多く、卵を産むので、貴重なもの**だったんです。その理由から、娘の結婚相手に出す料理として鶏のスープを作るようになりました。**あなたを大切にしたいという気持ちの表れ**ですね。そこからお祝いやおもてなしにつながったのでしょう。それに、参鶏湯などは力をつけてくれるものなので、これを食べて元気でいてくださいね、という意味もあるかもしれません。

Q お正月にトック（p83）を食べるのは、どんな意味がありますか？

A **トック（トックッ）は韓国のお雑煮**です。無病長寿祈願の食べ物と言われているので、みんな必ず口にします。餅を入れますが、そのほかにもマンドゥ（p112）を入れることもあって、具材は地域や家庭によって変わります。昔、北部では米がそれほどとれなかったので、粉を使ったマンドゥが主流だったのです。韓国のお正月では、家族で集まるとお雑煮を作り、さらに**ジョンやカルビチム、チャプチェなど、たくさんの料理を作るのが慣例**です。最近では全部作るのは大変だからと、買ってくる家も増えていますね。

Q 引っ越しのシーンではチャジャンミョン（p96）がよく登場します。どうしてですか？

A これは、韓国のデリバリー文化に関係があります。今ではほとんどの料理が出前できますが、1970年代くらいまで気軽に出前ができるのは、中華料理くらいだったんです。忙しい引っ越しの日に出前をとろうとなると、中華。さらに、中華料理の定番のチャジャンミョンを選ぶ、というわけです。その名残で、今でも引っ越しにはチャジャンミョンという習慣になっています。ちなみにチャジャンミョンだけではもの足りないので、**タンスユク（＝酢豚）も一緒に注文することが多い**ですよ。タンスユクにはたれがついていて、かけて食べるか、つけて食べるか、いつも論争が起きるくらい人気です。

Q 「うちでラーメン食べていく？」という誘い文句をよく聞きます。どうしてラーメンなのですか？

A このセリフは、**2001年の映画『春の日は過ぎゆく』で使われて流行**しました。女性が男性を誘うという構図と、あえて「ラーメン」というのが新鮮で、一気に注目されたんだと思います。ひとつの鍋で作ったラーメンをふたりで食べるのは、距離が縮まりますよね。そこから一般の人はもちろん、さまざまな作品でも使われるようになり、パロディもたくさん目にしました。**「うちの猫、見ていく？」とか「Netflix観ていく？」とか、誘い文句が進化**していておもしろいですよ。

Q 学校帰りの寄り道では、トッポギ（p86）屋さんが定番ですか？

A 昔は屋台が出ていて、トッポギやおでんを食べて帰ることもありました。今は**プンシク（＝粉食）屋さんといって、ファストフードのような感覚で入れる店が増えています。**そもそもトッポギは、宮廷料理でしょうゆ味ベースのものでした。それが1970年代に、「シンダンドン（＝新堂洞）トッポギ」という辛くて庶民的な食べ物として流行り始めたんです。トックや春雨、マンドゥと一緒に鍋にしたり、米がとれない時代には小麦粉のトックが多くなったり、**時代とともに変化しています。**今は餅のトッポギが主流ですが、レトロブームで「ミルトッポギ」と呼ばれる、小麦粉のトッポギを出す店も増えていますよ。

Q お誕生日にわかめスープ（p20）を食べるのは、どうしてですか？

A これも諸説あります。**産後の回復のために母親が飲んでいたから**という話をよく聞きます。また、韓国には**安産や子どもの健康を祈る神様「サンシン（三神）」がいます。そこへのお供え物が白いごはんとわかめスープであることから**という話もあります。子どもが丈夫に育ちますようにという願いを込めて、お誕生日にも食べる習慣になった、と。ほかにも、子どもを産んだ鯨が、わかめをたくさん食べて体を回復させていたことにあやかっているのではないかという話もあって。日常的なことにも、いろいろな説があって、おもしろいですね。

Q 接待のシーンでは、日本食のお店に行くことが多い気がします。どうしてですか？

A 日本食のお店が**高価なこと、さらに個室が多いことが理由ではないか**と思います。高ければ接待を受ける側も満足するし、個室なら密談もしやすいですよね。1970年代ごろから、政治や経済の世界ではそうだったと思います。刺身は牛焼き肉と同じか、それ以上に高価なものという印象があります。お酒も、ソジュ（焼酎）より日本酒のほうが高級。今はほかにも高級なお店や、個室のある飲食店も増えましたが、昔からの印象が強いせいか、接待や密談、会食などのシーンでは日本食に行くのでしょうね。

Q 雨の日にジョン（p90）やスジェビ（p42）を食べたくなると聞きましたが、どうしてでしょうか？

A これには、諸説あります。**ジョンについては、焼いている音が雨音に似ているから**と言われていますね。そもそも、ジョンもスジェビも小麦粉があれば作れる料理です。食糧事情があまりよくなかった1960年代の韓国で、よく作られていました。戦後には小麦粉を使うことが奨励されている時期もあって、粉を常備している家庭が多かったんです。そこから、**雨の日に買い物に行かなくても作れるもの**として、ジョンやスジェビ、カルグクス（p36）などを思い浮かべる人が多いのだと思います。私の母も、雨の日や梅雨の時期にはよくスジェビを作ってくれて、思い出として残っていますよ。あとは、雨の日って、ちょっと気持ちが落ち込みませんか？　温かいものを食べると、元気が出ますよね。それに、小麦粉の成分が気分を上げてくれるという医学的な説もあります。私はジョンとセットでマッコリを飲むのが大好き。なので、雨が降ると、ついマッコリを先に思い浮かべてしまうほどです。友達からも電話がかかってきて「雨が降ってるから、どうする？　マッコリでも飲もう！」というお誘いが多いですね。いい口実になるんですよ（笑）。

Q カクテキ（p79）を「役立たず」という意味で使うシーンがありましたが、どうしてですか？

A **カクテキは、余った大根で漬けるキムチ**です。そこから「あまりもの」「おまけ」のような意味になったようです。広く使われるようになったのは、子どもの遊びからではないかと思います。例えば友達どうしで遊ぶ場合、誰かの妹や弟などがいたら、仲間に入れてあげなくちゃいけませんよね。あるいは、5対5の競技で11人いると、1人余ってしまうこともありますよね。そんな時は、「この子はカクテキね」と。「カクテキ」という存在にすると、勝敗には関わらないけれど仲間に入れられるんです。子どもなりの配慮と言えるかもしれません。そこから、誰の役にも立たない、誰にも影響を与えない、そんな存在をカクテキと呼ぶようになったんです。

3章

ドラマで知ったオモニの味

堤 ドラマを観ていていつも気になるのがオモニ（お母さん）のシーン。大きな保存容器を持って、急に家に来ることありますよね。

ワタナベ（以下ワ）ひとり暮らしをしている息子や娘はもちろん、子どもが結婚していても、オモニは何かしらのおかずを持ってやってくる……。

堤 オモニの冷蔵庫には保存容器がいっぱい入っていて、「パンモゴッソ？＝ごはん食べたの？」って聞きつつ、そこからあれこれ出してくれるシーンもよく見ます。

ワ 食べきれるのかな?っていうくらいの量を作っていること、ありますよね。

堤 キムチは絶対だし、ナムルもあるし、あと、日持ちのする作りおきおかずみたいなものも多いよね。「ミッパンチャン」って呼ぶそうです。

ワ こんなにもオモニがいろいろ持ってくるのか、とドラマを観て知りました。

堤 私も。日本の作りおきとは、違う気がします。p23でも触れていますが、韓国ではとても自然で当たり前のことなんだと、ドラマを観て知りました。

ワ 外食のシーンでも、まず出てくるのはそういうお惣菜。私たちも韓国料理屋さんによく行くけれど、席に着くとすぐにこういうパンチャン（おかず）を出してくれますね。

堤 店によって、種類も味も仕上げ方もいろいろだよね。ドラマのなかのオモニもそれぞれの作り方があって、その家の味になっているんだろうなって想像します。

ワ 大きな保存容器にいっぱい入れて、何個も持っているオモニを見ると、重たいだろうに……と。

堤 ねー、それがオモニの愛なんだね。私たちも、自分たちへの愛を込めて作ってみますか！

ワ あったら絶対に便利ですもんね。

堤 ビビンバもすぐできるし、チャプチェに入れたっていいし。

ワ お弁当に詰めてもいいし……よし、作りましょう！

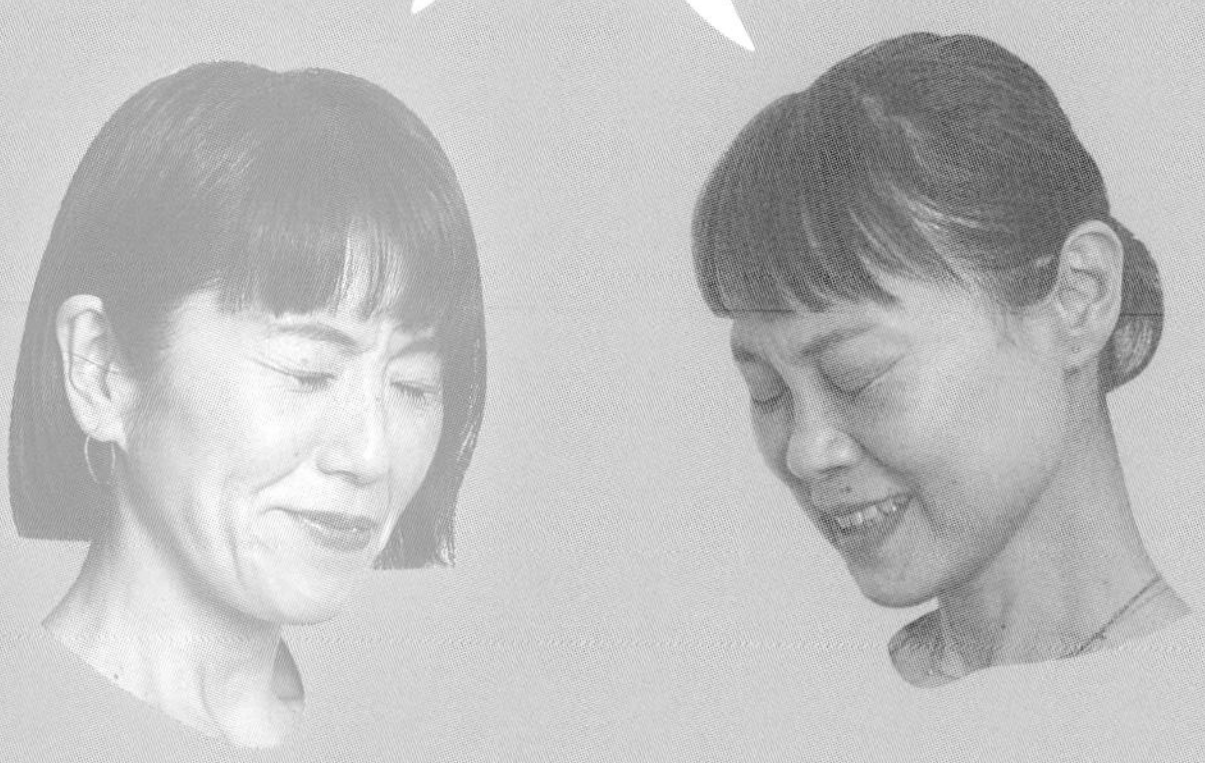

ナムル

保存容器いっぱいに詰め込まれたナムル。野菜をたっぷり使うおかずだけに、子どもの体を気遣うオモニの気持ちが伝わります。韓国でのナムルは「手で作る」もの。調味料とあえる時は、手でしっかりもみ込むようになじませると、おいしさがぐんと増します。

蒸しなすのナムル

わかめの炒めナムル

豆もやしのナムル
にんじんのナムル
ぜんまいのナムル
ほうれんそうのナムル

蒸しなすのナムル

なすは、細くさくのがポイント。
味がよくしみ込みます。

材料　4人分

なす（皮をしましまにむき、水に5分さらす）
……5本（400g）

A
- 白すりごま……大さじ2
- ごま油……大さじ1
- しょうゆ……小さじ1
- 塩……小さじ⅓
- にんにくのすりおろし……½かけ分

作り方

なすはラップで包んで電子レンジで3分30秒～4分加熱し、粗熱がとれたら竹串などで縦に細くさき、水けをぎゅっと絞る。混ぜた**A**に加えてあえる。

※または、蒸気の上がったせいろで強火で4分蒸し、冷水で冷やしても

豆もやしのナムル

蒸し煮にして作ると、
食感が残っておすすめです。

材料　4人分

豆もやし（あれば太いタイプ・できればひげ根をとる）
……2袋（400g）

A
- ごま油……小さじ½
- 塩……少々

B
- 白すりごま……大さじ2
- ごま油……大さじ1
- しょうゆ……小さじ1
- 塩……小さじ⅓
- にんにくのすりおろし……少々

作り方

鍋かフライパンに豆もやし、**A**、水¼カップを入れてさっと混ぜ、ふたをして強めの中火にかけ、蒸気が上がったら弱火で5分蒸し煮にし（太いもやしの場合は10分）、湯をきる（蒸し汁はスープなどに使って）。混ぜた**B**に加えてあえる。

※ナムルはそれぞれ清潔な保存容器に入れ、冷蔵室で4日ほど保存可能

ドラマと料理の話

堤 ナムルも含めたミッパンチャン（作りおきおかず）は、とにかくいろいろなドラマに出てきますね。
ワ オモニが持ってくる密閉容器には、絶対に入っているんでしょうね。
堤 あの容器、どんなドラマで目にしますかね……いろいろなドラマで見ている気がしますが。

……p74につづく⇦

サイコだけど大丈夫

愛を知らない絵本作家と精神病棟の保護士が、兄や母を介して互いに心を癒し、影響を与え合いながら歩んでいくさまを描いたラブストーリー。

写真：Everett Collection/アフロ
Netflixにて配信中

彼女の私生活

美術館の学芸員として完璧に仕事をこなしつつ、私生活では熱狂的なアイドルオタクである女性が主人公。新館長との恋愛や幼少期のトラウマなどを描く。

U-NEXTにて配信中

わかめの炒めナムル

わかめが活躍するのは、
スープに限りません。

材料 4人分

塩蔵わかめ（水につけて戻し、ひと口大に切る）
……150g

A
- 白すりごま …… 大さじ2
- 塩 …… 小さじ⅓
- にんにくのすりおろし …… 少々

しょうゆ …… 小さじ½
ごま油 …… 大さじ1

作り方

フライパンにごま油を熱し、わかめを入れて中火でさっと炒め、**A**を加えてからめ、しょうゆを回しかける。

にんじんのナムル

ゆでずに
塩もみしてあえるだけ！

材料 4人分

にんじん（4cm長さのせん切り）…… 1本（200g）
塩 …… 小さじ¼

A
- 白すりごま …… 大さじ2
- 塩 …… 小さじ⅓
- にんにくのすりおろし …… 少々

作り方

にんじんは塩をもみ込んで5分おき、しんなりしたら水けをふく。**A**を加えてあえる。

ほうれんそうのナムル

冷水にとると、
色よく仕上がります。

材料 4人分

ほうれんそう …… 大1束（300g）

A
- 白すりごま …… 大さじ2
- ごま油 …… 大さじ1
- しょうゆ …… 小さじ1
- 塩 …… 小さじ⅓
- こしょう …… 少々
- にんにくのすりおろし …… ½かけ分

作り方

ほうれんそうは根元に十字に切り込みを入れ、塩少々（分量外）を加えた熱湯でゆでて冷水にとり、水けを絞って3cm長さに切る。混ぜた**A**に加えてあえる。

ぜんまいのナムル

ほどよく食感が残るよう
さっとゆでて。

材料 4人分

ぜんまい（水煮）…… 200g

A
- 白すりごま …… 大さじ2
- しょうゆ …… 小さじ½
- 塩 …… 小さじ⅓
- にんにくのすりおろし …… 少々

ごま油 …… 小さじ2

作り方

ぜんまいは熱湯でさっとゆで、湯をきって食べやすく切る。フライパンにごま油を熱し、ぜんまいを入れて中火で1分30秒炒め、**A**を加えてからめる。

作りおきおかずいろいろ

キムチでもナムルでもない、作りおきのおかずもたくさん。ごはんと汁もの、あとはこれさえあれば十分というシーンも、多く目にします。ドラマに登場するオモニの冷蔵庫には、いつも4～5種類は入っている印象。全部作るのは大変なので、好きなものから挑戦を。

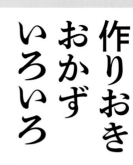

ししとうの蒸しあえ

粉をまぶすと、味のからみがよくなります。

材料 4人分

ししとう（軸が長ければ切る）…… 20本
小麦粉 …… 少々
A 酒 …… 大さじ1
水 …… 1カップ
B しょうゆ …… 大さじ1
オリゴ糖（p126参照・または水あめ）、
ごま油、白いりごま …… 各大さじ½

作り方

ししとうは小麦粉を薄くまぶし、**A**とともにフライパンに入れてふたをして中火にかけ、水けがなくなるまで2～3分蒸し煮にする。混ぜた**B**に加えてあえる。

※清潔な保存容器に入れ、冷蔵室で5日ほど保存可能

うずら卵のしょうゆ煮

『サイコだけど大丈夫』でおなじみのお惣菜。

材料 4人分

うずらの卵（ゆでたもの・水けをふく）…… 12個
A 酒 …… 大さじ2
オリゴ糖（p126参照・または水あめ）…… 大さじ1
しょうゆ …… 大さじ½
いわしエキス（p126参照）、白いりごま…… 各小さじ1
水 …… 70㎖

作り方

鍋に**A**を入れてよく混ぜて中火にかけ、煮立ったらうずらの卵を入れ、再び煮立ったらふたをして弱火で6分煮、そのまま冷ます。

※清潔な保存容器に入れ、冷蔵室で5日ほど保存可能

りんご入りポテトサラダ

えごまの葉のしょうゆ漬け

ピリ辛じゃこ

定番中の定番！
ごはんにもおつまみにもよし。

材料 4人分

ちりめんじゃこ …… 60g
A | 水あめ …… 大さじ2
  | しょうゆ …… 小さじ2
B | 赤唐辛子、青唐辛子
  | （ともに小口切り）…… 各1本
  | 白いりごま …… 大さじ1
えごまの葉（p127参照・粗みじん切り）…… 10枚

作り方

1 フライパンにじゃこを入れ、弱めの中火でカリッとするまで2分からいりし、取り出す。

2 続けてフライパンにAを入れて中火にかけ、煮立ったら1、Bを加えてからめ、えごまを加えてさっと混ぜる。

※清潔な保存容器に入れ、冷蔵室で10日ほど保存可能

さきいかのコチュジャンあえ

甘辛味がクセになる！ お弁当にもおすすめ。

材料 4人分

さきいか（細くさく）…… 40g
A | コチュジャン、ごま油 …… 各小さじ1
  | しょうゆ、オリゴ糖（p126参照・または水あめ）
  | …… 各小さじ½
  | にんにくのすりおろし …… 少々

作り方

混ぜたAにさきいかを加え、よくあえる。

※清潔な保存容器に入れ、冷蔵室で1週間ほど保存可能

ドラマと料理の話

ワ 『彼女の私生活』に、すごく重そうなのを持ってくるシーンがありましたよね。

堤 あったあった！ パク・ミニョン演じる主人公ドクミのところに、アボジ（お父さん）とオモニが訪ねてくるシーンね。

ワ たくさんのおかずを持ってきたら、相手役のキム・ジェウク演じるライアンと嘘のキスをしているところを見ちゃうんですよ。ふたりがつきあってると思い込んでしまって。

堤 ライアンをこのまま帰せないって、ふたりを実家に連れて帰る。持ってきた風呂敷包みは、ドクミの家の前に置いたまま……。

ワ せめて部屋に入れてくれーと思ってしまいます（笑）。

堤 ほんとね。で、オモニが手料理でもてなして、さらに帰る時にライアンに「少し持っていって」って、めちゃくちゃ重い風呂敷包みを渡すんです。

ワ おかず以外にも入っているっていうオチなんですが。

堤 あのオモニのお料理も、おいしそうでした。

ワ 小皿がたくさん並んで、キムチやナムルもズラーッと。

堤 やっとの思いで持ち帰った風呂敷包みをライアンが開けると、密閉容器にひとつずつ付箋が貼ってあるんですよ。

ワ 「じゃこ炒め」「えごまの葉」とか、「熟してないキムチ」もありましたね。

堤 あと、食べ方を書いてくれているのもあって。「プルコギは冷凍保存できるから、あっためて食べて」と。オモニの愛。

ワ 初めて会った娘の彼氏に、たくさん持たせるんですもんね。すごい。

堤 このドラマは、主人公がいわゆる「マスターさん」です。マスターというのは、アイドルや俳優のファンのトップで、事務所にも認知されていることが多いみたいですね。

ワ ライブやイベントでは、いい場所を確保して、いつもすばらしい写真を撮ってくださる。それを惜しみなくファンたちに提供してくれる、ありがたい存在。

堤 恋愛ドラマでありつつ、アイド

えごまの葉のしょうゆ漬け

葉どうしがくっついて取りにくいのが
話題になるほど、おなじみです。

材料 4〜6人分

えごまの葉（p127参照）…… 20枚

A
- にんにく・しょうがのすりおろし …… 各1かけ分
- 酒 …… 大さじ2
- しょうゆ、オリゴ糖(p126参照・または水あめ)、ごま油、粗挽き粉唐辛子、白いりごま …… 各大さじ1
- いわしエキス（p126参照）…… 小さじ1

作り方

1 フライパンにAを入れて混ぜ、中火にかけてひと煮立ちさせ、粗熱をとる。

2 清潔な保存容器にえごまの葉1枚を広げ入れ、1を小さじ½塗る。えごまの葉1枚を重ね、同様に1を塗るのをくり返す。

※清潔な保存容器に入れ、冷蔵室で1週間ほど保存可能

りんご入りポテトサラダ

『恋のスケッチ〜』では
大きな保存容器に作ってありました。

材料 4人分

りんご（皮ごと5㎜幅のいちょう切り）…… ¼個
じゃがいも（ひと口大に切り、水に5分さらす）…… 3個（450g）
きゅうり …… 1本

A
- マヨネーズ …… 大さじ4
- プレーンヨーグルト …… 大さじ2※
- 塩、こしょう …… 各少々

※または牛乳大さじ2＋酢少々

作り方

1 鍋にじゃがいも、かぶるくらいの水を入れ、ふたをして火にかけ、煮立ったら竹串がすっと通るまで6〜7分ゆでて、湯をきる。鍋に戻して弱火にかけ、水けをとばし、ボウルに移してつぶし、粗熱をとる。

2 きゅうりは塩少々（分量外）をふって板ずりし、小口切りにして水けを絞る。りんご、Aとともに1に加え、よくあえる。

※清潔な保存容器に入れ、冷蔵室で3〜4日保存可能

ルとマスターさん、ファンとの関係もわかるし、トラウマの克服の話などもあって、見ごたえがありました。

ワ 私もこれを観て、マスターさんってこういうことなのか、と勉強になりました。

堤 ほかにも、作りおきおかずが出てくるドラマはたくさんありますね。『恋のスケッチ〜応答せよ1988〜』（p26）は言わずもがなですが……。

ワ うずら卵のしょうゆ煮は、『サイコだけど大丈夫』でよく出てきました。

堤 主人公のコ・ムニョンの好物だから、落ち込んでいる時や泣いている時に、周りが持ってくるんですよね。

ワ うまくつかめないからスッカラにのせてあげたり、ごはんにのせてあげたりする。そういうシーンも韓国ドラマではよく見ますね。

堤 このドラマでも、オモニではないけれど食堂のスンドクおばさんが、おかずをたくさん持たせてくれるシーンがありました。

ワ は！ 今気づいたんですが『サイコだけど大丈夫』のスンドクおばさんと、『彼女の私生活』のドクミのオモニ、どちらもキム・ミギョンさんが演じてました（笑）。

堤 ほんとだ（笑）。こういうのを発見するのも、またドラマを観る楽しさですね。

キムチ

みんなでキムチを漬ける「キムジャン」のシーンもよく目にします。本格的なものはむずかしいので、ここでは手軽な即席キムチをご紹介します。キムチの素を作っておくと便利。野菜の水分によって味の濃さが変わるので、塩けが強かったら、水あめや梅エキスを足して調整を。

即席白菜キムチ

**キムチといえば、まずこれ！
作ってすぐに食べられます。**

材料 4人分

白菜 …… 1/4個（600g）
万能ねぎ（4cm長さに切る）…… 1/2束
塩 …… 大さじ1強（白菜の重さの3%が目安）
A キムチの素（※右記参照）…… 200g
　りんご（皮ごと細切り）…… 1/4個（80g）

作り方

白菜は包丁で縦長にそぐように大きめに切り、万能ねぎとともにボウルに入れ、塩を加えてさっと混ぜ、20分おく。水けを絞り、**A**を加えて混ぜる。作ってすぐからおいしい。

キムチの素

材料 作りやすい分量

粗挽き粉唐辛子 …… 1カップ（100g）
りんご（または梨や玉ねぎ）のすりおろし
…… 1/2個分（150g）
にんにくのすりおろし …… 4かけ分
しょうがのすりおろし …… 2かけ分
梅エキス（p126参照）…… 大さじ4
いわしエキス（p126参照）…… 小さじ4
アミの塩辛（p126参照）…… 40g
塩昆布 …… 4g

作り方

すべての材料をよく混ぜる。

ドラマと料理の話

ワ キムチも他のおかずと同様、よく出てきますね。『愛の不時着』では、みんなで作る「キムジャン」のシーンがありました。

堤 本格的な冬になる前に、家族や近所で集まって、一斉に大量のキムチを漬けるんですよね。今回は、少量でも味なじみのいい即席キムチにしました。

シスターズ

貧しい家庭に生まれた3姉妹が主人公。権力者の陰謀に巻き込まれながらも、それぞれのやり方で自立しようともがき、歩んでいくさまを描く。

写真：Everett Collection/ アフロ
Netflix にて配信中

愛の不時着

パラグライダーの事故で北朝鮮に不時着した財閥の娘と、彼女をかくまう将校の恋愛ドラマ。自らの手で人生を切り開いていく女性の姿を描いている。

写真：Everett Collection/ アフロ
Netflix にて配信中

かぶの葉のキムチ

『シスターズ』の冒頭を
イメージしました。

材料 4人分

かぶの葉（または小松菜・4cm長さに切る）
…… 6〜8個分（300g）
塩 …… 小さじ1（かぶの葉の重さの2%が目安）
キムチの素（※右記参照）…… 70g

作り方

ボウルにかぶの葉、塩を入れてさっと混ぜ、水けをペーパーでふき、キムチの素を加えて混ぜる。

※かぶの葉から苦みが出やすいので、できるだけ手早く作業して

即席カクテキ

『ウ・ヨンウ弁護士は〜』のセリフを
思い出します。

材料 4人分

大根（皮ごと2cm角に切る）…… $\frac{1}{3}$本（500g）
塩 …… 大さじ1（大根の重さの3%が目安）
キムチの素（※右記参照）…… 80g

作り方

ボウルに大根、塩を入れてもみ、20分おく。水けを絞り、キムチの素を加えて混ぜる。

※キムチはそれぞれ清潔な保存容に入れ、冷蔵室で2週間ほど保存可能

ワ このキムチの素があれば、いろいろ作れますね。きゅうりでオイキムチはもちろん、長芋やにら、長ねぎなどもおいしそう。

堤 今回は定番の白菜のほか、大根でカクテキ、あとはかぶの葉で作りました。カクテキは『ウ・ヨンウ弁護士は〜』（p18）でのセリフを思い出します。

ワ 「私はカクテキです」ですね。

堤 カクテキはおまけみたいな存在だから、「私は役立たずです」という意味での言葉のようです。詳しくはp65を読んでください。そういえば『環魂（かんこん）』のシーズン2では、術を使って大量のカクテキをひとりで作っていた……。

ワ そして、かぶの葉のキムチは『シスターズ』をイメージして作りました。前半のシーンで、お母さんが大根の若葉のキムチを大量に作って、出ていってしまうんです。

堤 お金のかわりにキムチを置いていく……。大根の若葉はなかなか手に入らないので、やわらかいかぶの葉で代用しました。

ワ これで作っていたククスもおいしそうでした。あれは汁がなかったけれど、p36のカルグクスにこのキムチを混ぜてもおいしいですよ。

堤 『恋のスケッチ〜応答せよ1988〜』（p26）の話に戻るのですが。

……p81につづく ⇦

100%
세계
참

ボウル ビビンバ

**ナムルやおかず、
キムチをあれこれのせて混ぜるだけ。
野菜もたっぷりとれるのがうれしい。
好きなミッパンチャン(作りおきおかず)を
好きなだけどうぞ。**

材料 ３～４人分

ごはん …… 茶碗３杯分
p68 ～ 69 のナムル、p72 ～ 73 のおかず、
　p78 の即席白菜キムチなど …… 各適量
コチュジャン …… 大さじ３
ごま油 …… 大さじ２
韓国のり（あれば）…… 適量

作り方

ボウルにごはんを入れ、ナムル、おかず、キムチなどを好きなだけのせる。韓国のり、ごま油、コチュジャンを加えて全体によく混ぜ、スプーンですくって食べる。

ドラマと料理の話

宝くじが当たってお金持ちになったジョンファンの家は、やはり作りおきのおかずも種類が豊富なんです。

ワ 確かに、大きな密閉容器にいろいろ入れて、冷蔵庫にたくさん入っているシーンがありましたね。

堤 印象的なのが、留守番!

ワ オモニが2日間家を空けるから、ジョンファンとお父さん、お兄さんの3人で留守番することに。

堤 オモニが出かける前に冷蔵庫の中を見せながら、「これはプルコギだからフライパンであったためて、ナムルは今日中に食べて、サラダと豆は小皿に……」と説明する。

ワ そうそうー、3人も一応その指示に従おうとはするんですよね。

堤 フライパンで焼き直すんだけど、結局こがして面倒になって。

ワ 洗面器みたいなボウルの登場!

堤 そう! そこにごはんを入れて、あらゆる作りおきのおかずを入れて、ごま油とコチュジャンを足してガーッと混ぜて食べるんです。

ワ ひとつのボウルを3人でつつくんですよね。おいしそうだったー。

堤 それが、このページにあるボウルビビンバです。おかずの種類も量も、好きなように入れて混ぜて食べればよし!

ワ うちも留守番の時はこうしてもらおう!

お正月はトックとマンドゥ

堤 p64でも話しましたが、韓国ではお正月にトックを食べるというのも、ドラマやバラエティを観て知りました。

ワタナベ（以下ワ）だ円形の薄いお餅が入っているスープ！「トックク」ということもあるみたいです。

堤「トッ」がお餅で「クッ」がスープという意味なので、お餅のスープ。日本でいうお雑煮ってことですね。

ワ このお餅は、韓国食材のお店では「トック」として売ってるのを見かけます。スープに入れても煮崩れないし、のびないお餅ですよね。

堤 つまりトッポギとほぼ同じなのかも。『トッケビ～君がくれた愛しい日々～』や、バラエティ番組『ユンステイ』（p116）で作っていましたね。

ワ『トッケビ～』では、キム・ゴウン演じるウンタクが新年のお祝いだからと作っていて。

堤 コン・ユ演じるトッケビとイ・ドンウク演じる死神が、トックには長ねぎが欠かせないって言って買ってくるシーンがかわいかった。

ワ 本当に！ トックを食べるとひとつ年をとると言われてますよね。

堤 それもおもしろいよね。お誕生日ではなくてお正月に年を重ねるみたい。ウンタクが年が明けると同時に、「20歳になった！ 屋台で焼酎と砂肝を」と言っていて、そういうものなのか、と。

ワ かたや『ユンステイ』では、パク・ソジュンが朝ごはんに作っていました。すっきりしただしがおいしいし、朝にぴったりですよね。

堤 ね。今回は薄焼き卵にしましたが、『ユンステイ』のように溶き卵を入れるようにすればもっと簡単だし。

ワ 番組では、途中からマンドゥを加えてアレンジしていました。それもおいしそうだったなぁ……。

堤 マンドゥ入りトックも、お正月によく作るみたい。お正月の料理として、お客さまを迎えるのにマンドゥやチャプチェを作っておくからって聞きました。

ワ 知れば知るほど奥深いですね。

トッケビ
～君がくれた愛しい日々～

不滅のトッケビと、その命を終わらせるために生まれた高校生を主人公にしたファンタジー。人間はどう死ぬべきか、残された人はどう生きるべきかを問う。

U-NEXTにて配信中

トック

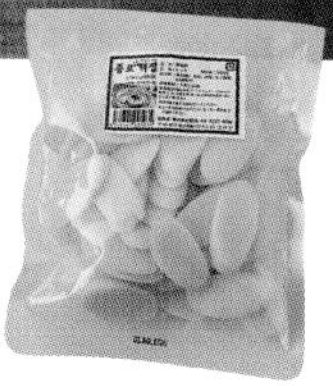

材料　2～3人分

- トック（水につけて10分おく）…… 250g
- 牛すね肉 …… 250g
- 塩 …… 小さじ⅓
- **A**
  - 長ねぎの青い部分 …… 1本分
  - にんにく（つぶす）…… 1かけ
  - 水 …… 1ℓ
- 卵 …… 1個
- 長ねぎ（斜め薄切り）…… ½本
- しょうゆ（あれば薄口）…… 小さじ2
- サラダ油 …… 少々
- 岩のり …… 適量

作り方

1 牛肉は塩をふり、**A**とともに鍋に入れてふたをして中火にかけ、煮立ったらふたを少しずらして弱めの中火で1時間ゆで、肉がやわらかくなったら取り出して細切りにする。ゆで汁はとっておく。

2 卵は溶きほぐし（できればざるでこす）、サラダ油を熱したフライパンに薄く流し、弱めの中火で両面が乾く程度に焼く。粗熱がとれたら、5cm長さの短冊切りにする。

3 鍋に**1**の牛肉とゆで汁2½カップ、水けをきったトックを入れて中火にかけ、4分煮る。しょうゆで味を調え、長ねぎを加えてさっと煮、器に盛って**2**と岩のりをのせる。

4章

いろいろな作品に登場する軽食や出前

ワタナベ（以下ワ）韓国ドラマでは、出前をとるシーンも多いなぁと感じます。あと、きちんとしたごはん屋さんではなくて、トッポギみたいな簡単な料理だけを出すお店とかもよく出てきますよね。

堤 キンパとか韓国おでんを出すお店！　屋台で立ち食いしているシーン

もよく見ますね。p65でも話しましたが、学校帰りに立ち寄ったりしているイメージがあります。ファストフードみたいな存在だそうで、うらやましいなぁ。

ワ アツアツのトッポギやおでんをハフハフ食べている姿は、本当においしそう。このおでんっていうのが、日本とは違って薄い練りもののオムク（p127参照）を使っているんですよね。

堤 トッポギやククス（麺料理）のような小麦粉料理のことをブンシク（粉食）と呼んでいたのが、いつしかキンパやスンデ（腸詰め）などの簡単な食事全般を指すようになったそう。

ワ おもしろいですよね。近所にブンシク屋さんがあったら通ってしまう。

堤 出前は医療ドラマによく出てくるし、あとはサスペンスドラマの警察や検察でも多いかも。

ワ 忙しい現場が舞台だと、麺を頼んですごい勢いで食べているシーンをよく目にします。みんな口いっぱい頬張っていて、おいしそうなんですよね。

堤 本当に！　この章では出前で頼むものや、軽食店や屋台で頼むちょっとした料理をまとめました。

ワ メインのおかずにはならないけれど、よく食べているトッポギやジョンもあれば、出前でよく見るチャジャンミョンやチキン、さらに甘いたまごサンドまで。

堤 家でも気軽に、屋台や出前の気分を楽しんでみてください。

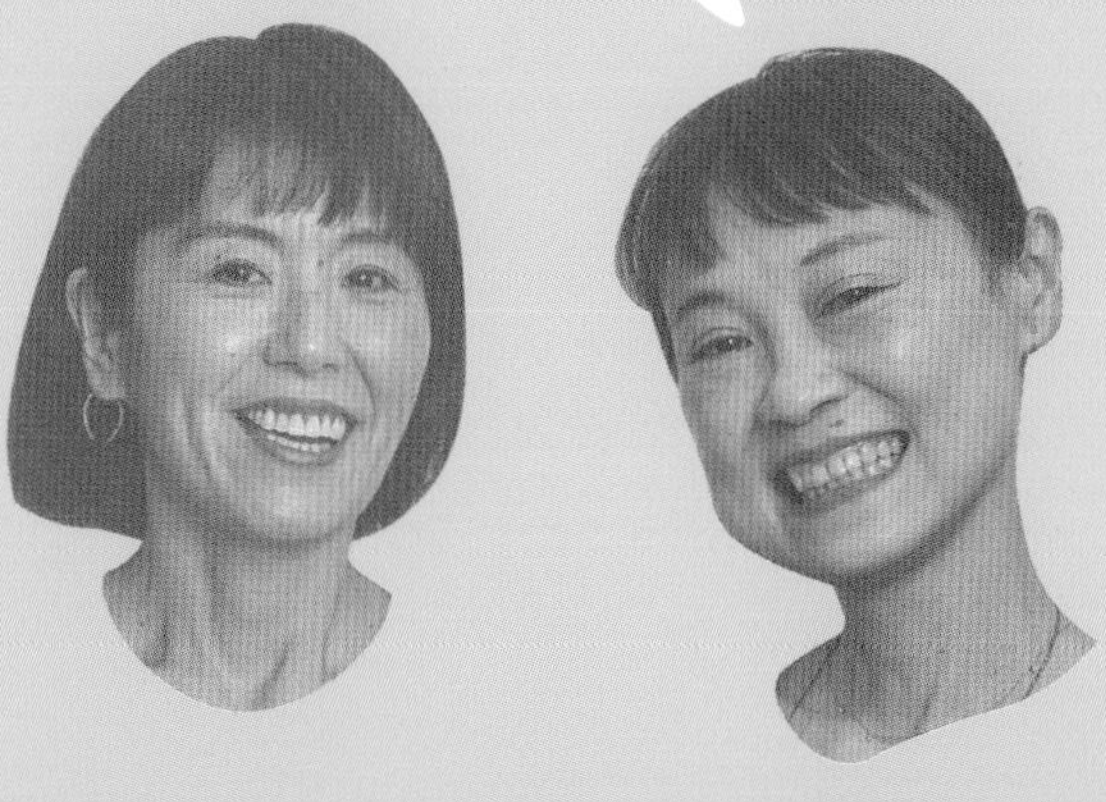

トッポギ

屋台やブンシク（粉食）屋さんでの定番メニュー。気軽に食べられるうえに、お腹もいっぱいに。もっちりした食感がクセになります。

いろいろな
ドラマに出てくる
スタンダード！

トッポギ

コチュジャンをベースにした、定番の甘辛い味つけです。
ゆで卵があると、辛さをマイルドにしてくれるのでおすすめ。

材料 2～3人分

トッポギ …… 300g
オムク（p127参照・2cm幅に切る）…… 2枚
長ねぎ（斜め薄切り）…… ⅓本
ゆで卵 …… 2個
A 水 …… 2カップ
酒 …… 大さじ1
B コチュジャン、オリゴ糖
（p126参照・または水あめ）
…… 各大さじ2～3
しょうゆ …… 大さじ½
粗挽き粉唐辛子 …… 小さじ2
にんにくのすりおろし …… ½かけ分

作り方

1 フライパンにトッポギ、オムク、長ねぎ、**A**を入れて中火にかけ、煮立ったらふたをして弱めの中火で5分煮る。

2 混ぜた**B**、ゆで卵を加え、中火で時々混ぜながら煮汁がとろりとするまで煮る。

ドラマと「トッポギ」の話

ワ トッポギっていろいろな種類があるんだなと、ドラマを観ていて知りました。
堤 屋台だと、簡単なものが多い感じですよね。
ワ そうそう！　トッポギとオムクだけ、みたいな。軽食屋さんになると、ゆで卵や長ねぎが入っていたりと、ちょっと具が増えている印象です。もちろん、屋台でもいろいろあるんでしょうが。
堤 お店によって工夫しているのかもしれませんね。『ユミの細胞たち』（p20）では、主人公・ユミの好物だったから、よく出てきましたよね。
ワ ひとりの夕食でも食べていたし、シーズン2では、彼のお父さんがトッポギ屋さんでしたよね。
堤 たぶん3人前くらいのトッポギを出されるんだけど、おいしいって言ってひとりで食べきるユミは偉かった！　そして、最近の流行はロゼトッポギですね。
ワ これは『ラケット少年団』で出てきたものをイメージして作りました。
堤「ロゼだ！」ってうれしそうに食べているシーンを思い出します。
ワ あと、今回は米粉を使った餅のトッポギと、小麦粉を使ったトッポギとそれぞれ作ってみたんです。『ヴィンチェンツォ』で「昔ながらの小麦のトッポギを」と注文しているシーンがあって。
堤 どちらももっちりしているけれど、小麦のほうがよりぷるんとした感じが強いですよね。食べ比べてみるとおもしろい。
ワ どんどん食べられちゃうので危険です。
堤 ユミみたいにね（笑）。

ラケット少年団

都会から田舎の中学校に転校してきた少年が、寄せ集めの弱小バドミントン部に入部して奮闘する物語。少年たちが心身ともに成長していく様子を描く。
写真：Everett Collection/アフロ　Netflixにて配信中

ヴィンチェンツォ

マフィアの顧問を担う韓国系イタリア人弁護士が主人公。膨大な富と利権を握る巨大組織をつぶすために、マフィアのやり方で制裁していくストーリー。
写真：Collection Christophel/アフロ　Netflixにて配信中

ねぎ入り小麦粉トッポギ

小麦粉のトッポギを使った、昔ながらの一品。よりプリッとした食感で、シャキシャキの長ねぎとの組み合わせが絶妙です。

材料 2～3人分

小麦粉のトッポギ …… 300g
長ねぎ（斜め薄切り）…… ½本

A
- 水 …… 2カップ
- 酒 …… 大さじ1

B
- コチュジャン、オリゴ糖（p126参照・または水あめ）…… 各大さじ2～3
- いわしエキス（p126参照）…… 大さじ⅔
- しょうゆ …… 大さじ½
- 粗挽き粉唐辛子 …… 小さじ2
- にんにくのすりおろし …… ½かけ分

作り方

1 フライパンにトッポギ、長ねぎ、Aを入れて中火にかけ、煮立ったらふたをして弱めの中火で5分煮る。

2 混ぜたBを加え、中火で時々混ぜながら煮汁がとろりとするまで煮る。

数年前から流行している進化した味

ロゼトッポギ

若者たちに人気のロゼ。生クリームを加え、よりこっくりとした味わいに。辛さも抑えめなので、食べやすい仕上がりです。

材料　2〜3人分

トッポギ …… 300g
ソーセージ（斜め３等分に切る）…… ４本
玉ねぎ（薄切り）…… ¼個
A｜水 …… 1½カップ
　｜酒 …… 大さじ１
B｜コチュジャン、オリゴ糖（p126 参照・または水あめ）…… 各大さじ２〜３
　｜しょうゆ …… 大さじ½
　｜粗挽き粉唐辛子 …… 小さじ２
　｜にんにくのすりおろし …… ½かけ分
生クリーム …… ½カップ

作り方

1　フライパンにトッポギ、ソーセージ、玉ねぎ、**A** を入れて中火にかけ、煮立ったらふたをして弱めの中火で５分煮る。

2　混ぜた **B** を加え、中火で時々混ぜながら煮汁が少し煮詰まるまで煮、生クリームを加えて混ぜ、２〜３分煮る。

ジョン

日本では「チヂミ」と呼ばれることも多いジョン。野菜や魚介、肉に衣をつけて焼いたものです。

『賢い山村生活』の
オマージュです
たっぷりの
せりが主役です
『私たちのブルース』で
大量に作っていました

ドラマと「ジョン」の話

청춘기록

青春の記録

俳優を目指す2人の青年と、メイクアップアーティストの女性の物語。生まれや家柄に関係なく、自らの力で夢をつかもうと奮闘する姿を描いている。

写真：Everett Collection/ アフロ

堤 ジョンもトッポギと同じく、いろいろなドラマで見ますね。特に雨の日のシーンでは「ジョン食べに行こう」っていうことが多くて。

ワ p65でもお話ししましたが、韓国では雨の日に食べたくなるものなんですよね。

堤 いろいろな説があるそうですが、雨音がジョンを焼く時の音を思い出させるから、というのがよく知られていますね。

ワ『私たちのブルース』（p58）では、久しぶりに帰ってきた親友・ミランのために、ホバクのジョンを作っているシーンがありました。ミランは食べなかったけど……。

……p92につづく⇦

せりのジョン

魚介も入っていますが、せり（ミナリ）を味わうためのもの。
最初に粉をまぶすと衣がしっかりつき、まとまりやすくなります。

材料 2人分

A
- せり（4cm長さに切る）…… 1束（100g）
- 紋甲いかの胴（1×3cmに切る）…… 80g
- むきえび（背ワタがあれば除き、塩でもんで洗い、水けをふく）…… 80g
- 赤万願寺唐辛子（または赤唐辛子・小口切り）…… 1本

B
- じゃがいものすりおろし …… 1個分（150g）
- 小麦粉 …… 大さじ4
- 片栗粉 …… 大さじ3
- 卵 …… 1個
- 塩 …… 小さじ¼

ごま油 …… 大さじ2

作り方

1 ボウルAを入れ、小麦粉大さじ1（分量外）をさっとまぶす。合わせたBを加え、よく混ぜる。

2 フライパンにごま油大さじ1½を熱し、1を入れてフライ返しで押さえながら強めの中火で3分焼き、裏返して3分焼く。残りのごま油を鍋肌から回し入れ、カリッとさせる。

※ジョンはそれぞれ食べやすく切って器に盛り、にんにく玉ねぎだれ（1cm角に切った玉ねぎ¼個分、にんにくのすりおろし½かけ分、酢大さじ2、しょうゆ大さじ1、砂糖小さじ2を混ぜたもの）を添える

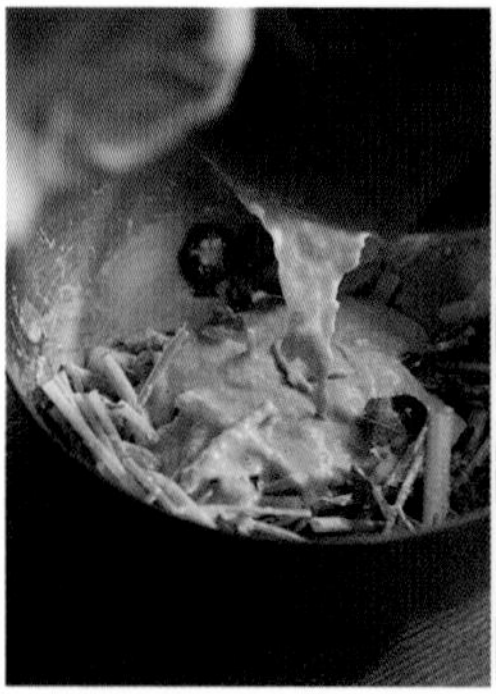

堤 ミランはミランで、ハルモニ（おばあさん）の家ですでにホバクのジョンを食べちゃってるんですよね。そうそう、『青春の記録』では、大きな器いっぱいのサイズで、具だくさんのジョンを食べていたのが印象的でした。パク・ボゴム演じる主人公の実家のごはんが、毎回おいしそうなんです。

ワ 『ユミの細胞たち』（p20）では、シーズン1でアン・ボヒョンが演じる相手役のク・ウンの好物でした。まさに、雨の日に食べに行ってて、そういうものなんだなーと勉強にもなりました。

堤 白菜のジョンは、p121で紹介するバラエティ番組『賢い山村生活』で作っていたものです。

ワ 干した白菜が本当に甘くて、おいしいですね。薄い衣もいい！

堤 ほかにも、よく野菜いっぱいで緑のジョンを作っているシーンを目にするので、せりで作ってみました。

ワ 魚介も入っていて、うまみがすごい！　せりがたっぷりなのがいいですね。

堤 そうなの、せりを食べるためのジョンです！

白菜のジョン

白菜を干すと、味わいがぎゅっと凝縮して甘みが増すのでおすすめです。衣はさらりとしているので、かけながら焼いてください。

材料 2人分

白菜（できれば、ざるにのせてひと晩干す）
…… 4枚

A | 小麦粉、片栗粉 …… 各大さじ6
　| 水 …… 大さじ4

ごま油 …… 大さじ3

作り方

1 白菜は芯の部分に1㎝間隔で切り目を入れ、平らにする。Aはよく混ぜる。

2 フライパンにごま油の半量を熱し、白菜2枚をAにくぐらせて互い違いに入れ、スプーンで時々Aをかけながら、中火で片面2分ずつ焼く。残りの白菜も同様に焼く。

ホバクのジョン

卵を混ぜた衣がなくなるまで、しっかりつけて焼きましょう。衣の香ばしさと、とろっと焼けたホバクがたまりません。

材料 2人分

ホバク（p127参照・またはズッキーニ）
…… ½本（150g）

小麦粉 …… 少々

A | 卵 …… 1個
　| 塩 …… ひとつまみ

ごま油 …… 大さじ1

作り方

1 ホバクは1.5㎝幅の輪切りにし、小麦粉をまぶす。Aはよく混ぜる。

2 フライパンにごま油を熱し、ホバクをAにくぐらせて入れ、中火で片面2分ずつ焼く。再びAにくぐらせて片面1分ずつ焼く（できれば、Aがなくなるまでつけて焼くのをくり返す）。

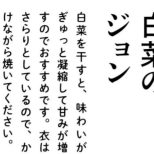

ソーセージジョンのお弁当

特に味つけをせず、あえてケチャップでどうぞ。
ひと味違ったジョンのおいしさが楽しめます。
ごはんと混ぜてもおいしいお弁当です。

材料 1人分

魚肉ソーセージ（1㎝幅の斜め切り）…… 1本
小麦粉 …… 少々
溶き卵 …… 1個分
ごま油 …… 小さじ2
ごはん、ケチャップ …… 各適量
たくあん（粗挽き粉唐辛子少々であえる）
…… 適量

作り方

1. ソーセージは小麦粉をまぶし、溶き卵にくぐらせ、ごま油を熱したフライパンに入れ、中火で卵が固まるまで片面1分30秒ずつ焼く。
2. お弁当箱にごはんを詰め、1を入れてケチャップをかけ、たくあんを添える。

ドラマと「ジョン」の話

堤 これは『恋のスケッチ〜応答せよ1988〜』（p26）で出てきたお弁当のオマージュです。主役のドクソンの幼なじみであるソヌのお弁当。ソヌのオモニ（お母さん）はシングルマザーで子どもを育てていて、さらに料理が苦手です。一生懸命作るんだけど、カレーが薄かったり、すごくしょっぱかったり。

ワ このお弁当、潔いですよね。苦手なりにきちんと手作りなのは、ソヌのオモニらしいな、と思います。

堤 確かに。もうひとりの幼なじみのドンリョンのオモニはフルタイムでバリバリ働いているから、お弁当には残り物が多いんですよね。カレーだったり、キムチ炒飯だったり。おかずが少ないから、このソーセージジョンをあげるんです。

ワ で、しょっぱい、まずいって（笑）。

堤 もうひとりの幼なじみのジョンファンも食べるんですけど、ガリッていって口から何か出す。

ワ そうでした（笑）。卵の殻がね。

堤 その後も、卵の殻を時々出しながらソヌがぱくぱく食べるんです。

ワ 残すとオモニが悲しむから、完食する。やさしい子なんですよね。

堤 本当にね。これ、ケチャップをかけているのが新鮮だったんです。やってみたら意外とおいしくて。このドラマを観たからこその発見でした。

せつないけれど、
オモニの愛情
たっぷり！

チャジャンミョン

韓国式中華料理の代表的なメニュー。味の決め手のチュンジャンは、油となじませてのばすようにすると、全体にしっかりからみます。

定番チャジャンミョン

引っ越しシーンでよく登場する黒い麺、それがチャジャンミョン。甘辛いたれがあとひくおいしさです。

よーく混ぜて
口いっぱいに
頬張るのが韓国流！

材料 ２人分

中華生麺 …… ２玉
豚ロース肉とんかつ用（2cm角に切る）
…… ２枚（200g）
玉ねぎ（2cm角に切る）…… ½個
じゃがいも（7mm幅のいちょう切り）
…… １個（150g）
にんにくのみじん切り …… １かけ分
チュンジャン（p126 参照）…… 大さじ５
A｜みりん …… 大さじ２
｜酒 …… 大さじ１
｜水 …… １カップ
しょうゆ …… 大さじ１
B｜片栗粉、水 …… 各大さじ１
ごま油 …… 大さじ½

作り方

1 鍋にごま油、にんにくを入れて中火にかけ、香りが立ったら豚肉、玉ねぎを加えて軽く色づくまで炒め、塩少々（分量外）をふる。じゃがいもを加えてさっと炒め、チュンジャンを加えて油となじませながら炒める。

2 A を加えひと煮立ちさせ、アクをとり、ふたをして弱めの中火で８分煮、しょうゆを加えてひと煮立ちさせる。

3 火を止め、合わせた B を加えてなじませ、中火で煮立たせながらとろみをつける。ごま油少々（分量外）を回しかける。

4 中華麺は袋の表示通りにゆで、湯をきり、器に盛って **3** をかける。

辛口 チャジャンミョン

チュンジャンの甘辛いコクをキープしつつ、唐辛子とラー油で辛みをアップ。黄色いたくあんは、辛さを和らげる名脇役です。

材料 2人分

中華生麺 …… 2玉
豚ロース肉とんかつ用（2cm角に切る）
…… 2枚（200g）
玉ねぎ（2cm角に切る）…… ½個
じゃがいも（7mm幅のいちょう切り）
…… 1個（150g）
韓国青唐辛子（p127参照・斜め薄切り）
…… 2本
にんにくのみじん切り …… 1かけ分
チュンジャン（p126参照）…… 大さじ4
A | みりん …… 大さじ2
　| 酒 …… 大さじ1
　| 水 …… 1カップ
しょうゆ …… 大さじ1
B | 片栗粉、水 …… 各大さじ1
ごま油 …… 大さじ½
ラー油 …… 適量

作り方

1 鍋にごま油、にんにくを入れて中火にかけ、香りが立ったら豚肉、玉ねぎ、青唐辛子の⅓量を加えて軽く色づくまで炒め、塩少々（分量外）をふる。じゃがいもを加えてさっと炒め、チュンジャンを加えて油となじませながら炒める。

2 Aを加えひと煮立ちさせ、アクをとり、ふたをして弱めの中火で8分煮、しょうゆを加えてひと煮立ちさせる。

3 火を止め、合わせたBを加えてなじませ、中火で煮立たせながらとろみをつける。ごま油少々(分量外)を回しかける。

4 中華麺は袋の表示通りにゆで、湯をきり、器に盛って3をかける。残りの青唐辛子をのせ、ラー油をかける。

※好みでたくあんを添えて食べる

ドラマと「チャジャンミョン」の話

㋻ チャジャンミョンといえば、引っ越しシーンですね。よく新居でダンボールに囲まれながら食べているのを見ます。
堤 p64でもお話ししていますが、日本でいう、引っ越しそばみたいな存在らしいですね。
㋻ 引っ越し以外にも、警察や検察のシーンで頼んでいるのをよく見る気がします。今回は作らなかったのですが、だいたい韓国酢豚「タンスユク」と一緒に食べていますね。
堤 『恋愛体質〜30歳になれば大丈夫』（p44）の主人公の脚本家が、両親の思い出の味として描いていたのも、おもしろかった。あれもタンスユクとセットでした。
㋻ 告白シーンをどう描くか悩むところで、両親のことを思い出すんですよね。
堤 両親が結婚するきっかけでも登場するし、今もふたりで仲良く食べているシーンでも出てくるんです。
㋻ そして、辛口のほうは『賢い医師生活』（p36）のデートで食べに行ったもの。
堤 医師のジュンワンと軍勤務のイクスンがね。「爆弾チャジャンミョン」って名前でした。ジュンワンは、そんなに口に入る？ってくらいの量をすすってました。
㋻ 本当に（笑）。ジュンワンがイクスンのために、麺を混ぜてあげるのがいいんですよね。
堤 それに感動するイクスンもいいし。
㋻ その後ふたりで照れてるのもいいし。
堤 たくあんをそっとあげるのもいいし。
㋻ 「いい」しか言ってないけれど、とにかくいいシーンなんですよね（笑）。

激辛を食べに行く
デートシーンを
思い出します

チキン

カリカリチキン

出前のシーンでは定番といってもいいほど。ガリッとした音を聞くだけで、無性に食べたくなります。

社内お見合い』オマージュで玄米フレーク入り！

甘辛ヤンニョムチキン
ドラマで見るたびに
お腹がすいてきます
大根の甘酢漬け
TERRA

カリカリチキン

二度揚げするだけでなく、
砕いた玄米フレークもまぶすのでカリカリに。
冷めても食感はキープできるから、お弁当にもおすすめです。

材料 2～3人分

鶏手羽元、手羽先（骨に沿って切り込みを1本ずつ入れる）…… 各2本（計240g）
骨つき鶏もも肉（ぶつ切り）…… 1本（400g）
A
- 塩 …… 小さじ⅓
- ガーリックパウダー、パプリカパウダー、こしょう …… 各少々

牛乳 …… ½カップ
B
- 天ぷら粉 …… 100g
- 水 …… ¾カップ

玄米フレーク（ポリ袋に入れ、粗く砕く）…… 120g
揚げ油 …… 適量

作り方

1 鶏肉は合わせてAをまぶし、牛乳につけて10分おく。天ぷら粉（分量外）を薄くまぶし、混ぜたBにくぐらせ、低温（160°C）に熱した揚げ油で時々返しながら4分揚げる。

2 1を取り出して3分おき、再びBにくぐらせて玄米フレークをまぶし、高温（180°C）に熱した揚げ油で時々返しながら4分揚げる。器に盛り、カレーソースとケチャップを添える。

※カレーソースは、マヨネーズ大さじ2、カレー粉小さじ2、フレンチマスタード小さじ1を混ぜる

大根の甘酢漬け

材料 2人分

大根（ごく薄い輪切り）…… 5㎝（150g）
塩 …… 少々
A
- 酢 …… 大さじ2
- 砂糖 …… 大さじ1½
- 塩 …… 小さじ¼

作り方

大根は塩をふって10分おき、水けをペーパーでふき、混ぜたAに加えてあえ、5分おく。

甘辛
ヤンニョムチキン

揚げたてアツアツにヤンニョムだれを
からめるのがポイント。
全体にしっかり味がなじみます。
箸休めに、大根の甘酢漬けをどうぞ。

材料 2〜3人分

鶏もも肉（8等分に切る）…… 大1枚（300g）
A｜塩、こしょう、ガーリックパウダー、
　パプリカパウダー …… 各少々
牛乳 …… ¼カップ
B｜天ぷら粉 …… 100g
　水 …… ¾カップ
【たれ】
　コチュジャン …… 大さじ3
　しょうゆ、はちみつ、粗挽き粉唐辛子
　…… 各大さじ1
　にんにくのすりおろし …… 1かけ分
揚げ油 …… 適量
ピーナッツ（粗く刻む）…… 20g

作り方

1. 鶏肉はAをまぶし、牛乳につけて10分おく。天ぷら粉（分量外）を薄くまぶし、混ぜたBにくぐらせ、低温（160℃）に熱した揚げ油で時々返しながら3分揚げる。
2. 大きめのボウルにたれの材料を合わせ、1を加えてあえ、器に盛ってピーナッツをかける。

ドラマと「チキン」の話

堤 チキンは出前するシーンもあるし、外食しているシーンもあるし、とにかくよく出てきますね。

ワ 日本でも韓国のチキン屋さんをよく目にするようになったし、おなじみの味ですね。

堤 買ってもいいけれど、家で作る醍醐味は、揚げたてのアツアツを食べられること！

ワ どーんと出すと盛り上がるから、みんなでドラマを観ながら食べたりしたい！

堤 うんうん。カリカリチキンは、『社内お見合い』で作っていたものからヒントを得ました。キム・セジョン演じる主人公のシン・ハリの実家がチキン屋さんで、玄米粉をまぶしてるんですよね。

ワ 「カリカリになるんですよ」って。あと、ソースをつけているのもおいしそうでした。

堤 そうなんです！ カレー味だと言っていたので、妄想で作ってみました。アン・ヒョソプ演じるカン・テムのセリフ通り、確かに合う！ ちょっとスパイシーさが加わって、あとひく味なんですよ。

ワ 危険ですね。もうこれって肉というよりも、衣を堪能しているような感じ。

堤 衣を食べるもの！（笑） ヤンニョムチキンも、まさに、衣にからんだたれの味を楽しむ料理ですね。

ワ これはもういろいろなドラマに出てくるので、どの作品というのは難しいくらい。

堤 ヤンニョムだれは、チキン以外にもサムギョプサルにつけてもいいし、炒めものに混ぜてもおいしいのでおすすめです。

社内お見合い

エリート社長と、正体を隠してお見合いをした女性社員のラブコメディ。最初はぎこちないふたりが、少しずつ新しい面を知り距離を縮めていく王道ストーリー。

写真：Everett Collection/アフロ　Netflixにて配信中

たまごサンド

砂糖を入れて甘じょっぱくするのが韓国流。ドラマでは、学生や子どもがよく食べているメニューです。

甘い たまごサンド

パンから落ちそうになるくらい、
キャベツも卵もたっぷりのせるのがおすすめ。
巻くのがむずかしければ、はさんでも OK です！

材料 2人分

食パン（6枚切り）…… 2枚
キャベツ（せん切り）…… 2枚
A　マヨネーズ …… 大さじ3
　　塩、こしょう …… 各少々
卵 …… 3個
B　塩、こしょう …… 各少々
　　牛乳 …… 大さじ2
　　ピザ用チーズ …… 大さじ3
バター …… 大さじ1
ケチャップ、グラニュー糖 …… 各適量

作り方

1 キャベツは塩少々（分量外）をふってもみ、水けを絞り、Aを加えてあえる。食パンは片面にバターを小さじ1（分量外）ずつ塗る。

2 卵は溶きほぐしてBを混ぜ、バターを溶かしたフライパンに流し、強火で大きく混ぜながらふんわりと半熟状に焼く。

3 1の食パンにキャベツ、2（半分に折りたたんで）を半量ずつのせ、ケチャップとグラニュー糖をかけ、くるりと巻いて食べる。

ドラマと「たまごサンド」の話

堤 甘いたまごサンドは、よく屋台や市場で売られているメニュー。学校帰りの子どもたちがパクついているシーンを目にします。

ワ 最初、たまごサンドに砂糖？って不思議だったんですが、これが意外とおいしいんですよね。

堤 『私たちのブルース』（p58）では朝食として出てきたし、バラエティの『三食ごはん コチャン編』では、俳優のソン・ホジュンとナム・ジュヒョクが作っていたし、『賢い山村生活』（p121）でも作っていましたね。

ワ グラニュー糖っていうのがいいですね。

堤 そうそう！ 砂糖やケチャップの量は、好みに合わせて調整していただければと思うのですが、やっぱりちょっと砂糖がジャリッとするくらいがおすすめです。

ワ キャベツとチーズには塩けがあるから、この砂糖と絶妙な組み合わせなんですよねぇ。

堤 キャベツがいい味出してるんですよ。ぜひとも、たっぷり入れてください！

インスタントラーメンの食べ方いろいろ

ワタナベ（以下ワ）ドラマを観ていると、本当によくインスタントラーメンを食べるなぁと思いませんか？

堤 思う、思う！　袋麺を作っているシーンも多いし、カップラーメンを食べているシーンもたくさんあります。

ワ カップラーメンは、『賢い医師生活』（p36）みたいな忙しい現場のドラマでよく見る気がします。

堤 食べ方がおもしろいんだよね。

ワ そうそう、カップラーメンのふたを使って、器代わりにするんです。

堤 ふたを四つ折りにして広げるだけなんですが、確かにアツアツの麺がほどよく冷めていい。

ワ『キム秘書はいったい、なぜ？』で、主人公のふたりが食べていました。パク・ミニョン演じるミソが、パク・ソジュン演じる副会長に食べ方を教えてあげるんです。

堤 副会長はカップラーメンを食べたことがないから、知らなかったんですよね。かわいいシーンでした。

ワ わかるー！　あと、袋麺の場合は、1人用の鍋で作ることもあるし、大きな鍋で作ることもありますよね。

キム秘書はいったい、なぜ？

ナルシストな副会長と、退職を宣言した敏腕秘書のラブコメディ。恋愛模様と同時に、それぞれのトラウマを乗り越えようともがきながら進んでいくさまを描く。

コンプリート・シンプル DVD-BOX1-2 各 5,500 円（税込）
コンプリート・シンプル BD-BOX1-2 各 6,600 円（税込）
発売元：NBC ユニバーサル・エンターテイメント

堤 『D.P. ―脱走兵追跡官―』では、袋のまま食べてたけど……。1人用の鍋の時は、ふたを取り皿がわりにするんです。

ワ すぐに真似しちゃいました。

堤 『賢い医師生活』（p36）や『恋愛体質～30歳になれば大丈夫』（p44）では、大きな鍋に作ってみんなでつついてて。みんなでひとつの鍋から取り合うのってすごくいい。

ワ ほのぼのしますよね。『恋愛体質～』の場合は、何度か出てくるんです。背徳の味。

堤 なかなかのキーアイテムとしての、深夜のラーメンね。

ワ 話していると食べたくなりますね。でも、深夜はね……（笑）。

堤 うん、私たちは、深夜に食べるのはやめておこう（笑）。

ワタナベ（以下**ワ**）ずっとドラマについてお伝えしてきましたが、この章はその派生ということで、バラエティ番組を紹介します。

堤 韓国はバラエティ番組もたくさんありますもんね。特に私たちはドラマの流れから、俳優さんたちが料理をしている番組が好きで。

ワ いつもは演技をしている姿しか目にできないですが、バラエティは限りなく素に近い様子を見ることができるから、本当に楽しいんですよね。ずっと観ていられます。

堤 強面の俳優さんがチャーミングだったり、この俳優さんは料理が得意なんだ!と知ることができたり。

ワ 本当に! バラエティ番組はさまざまなものがありますが、今回は俳優さんが出ているもので、料理に特

5章

大好きなあの人が作るあの料理が見られるバラエティ番組

化した番組に絞りました。

堤 そうそう、バラエティっていうと本当に多種多様。アイドルや芸人さんだけのこともあるし、トークだったりゲームだけのこともあるから……。それはそれでおもしろいんですけれど、今回は俳優さんの料理番組に。

ワ とはいえ、ただ料理するだけじゃないんです。

堤 地方に滞在して畑仕事をしつつ食材を育てることもあれば、市場に買い物に行って調達することもあるし。

ワ お客さんを招いてお出しする設定の場合は、厨房や接客のローテーションを考えたりもするし。

堤 火おこしからやらなきゃいけないことも多いよね。

ワ 過酷なこともあるし、失敗もあるけど、それもまたいいんですよね。ハプニングにテキパキ対応していると、おおお！と思います。

堤 あれこれ頑張って作っている様子を見られるのですが、毎回作る量が多いから、実際に真似しようと思うと大変で。

ワ それをなんとか作りやすいように考えてみました。

堤 まったく同じというわけではなく、こちらも妄想が入っている部分もあります。

ワ 作って食べて、番組を観ておさらいして、またアレンジして作ってみてください。

堤 そうそう、番組に出ている俳優さんたちと同じ気持ちで、楽しく作って食べるのがいちばんです！

三食ごはん

「山村編」から
作りやすいメニューを選んでアレンジ。
どれも素朴でしみじみおいしいです。

えごまの葉の煮つけ

**えごまの葉に甘辛い味を
しみ込ませるように煮ていきます。
ごはんだけでなくサムギョプサルにも
よく合うので、作りおきにぴったり。**

材料 4〜6人分

えごまの葉（p127参照）…… 20枚
A | にんにく・しょうがのすりおろし …… 各1かけ分
A | 酒 …… 大さじ2
A | しょうゆ、オリゴ糖（p126参照・または水あめ）、ごま油、粗挽き粉唐辛子、白いりごま …… 各大さじ1
A | いわしエキス（p126参照）…… 小さじ1

作り方

フライパンにえごまの葉の⅓量を広げ入れ、混ぜたAの⅓量をかけ、残りも同様にえごまの葉、Aの順に重ね入れる。中火にかけ、7〜8分煮る。

もやしごはん

**豆の食感が楽しめる炊き込みごはん。
ひげ根をとったほうが臭みもなく、
食べやすく仕上がるのでおすすめです。**

材料 2〜3人分

米 …… 1½合
豆もやし（できればひげ根をとる）…… 1袋（200g）
A | 水 …… 1½カップ
A | 酒 …… 大さじ1
A | いわしエキス（p126参照）…… 小さじ1

【たれ】
万能ねぎ（小口切り）…… 1本
しょうゆ、酢 …… 各大さじ1
オリゴ糖（p126参照・または水あめ）…… 小さじ2

作り方

1 米は洗ってざるに上げ、鍋に入れる。Aを加えて15分浸水させ、もやしをのせてふたをして中火にかける。
2 煮立ったら弱火にして12分炊き、火を止めて15分蒸らす。混ぜたたれを添える。

※ごはんにたれをかけ、えごまの葉の煮つけで包んで食べる

※たれ以外の材料すべてを炊飯器に入れて作っても

番組と料理の話

三食ごはん 山村編

人気俳優やタレントが田舎で自給自足で生活するリアルバラエティシリーズ。収穫した食材と、交換して手に入れた素材を使って、工夫しながら料理をしていく。

U-NEXTにて配信中

ワ 『三食ごはん』は、とにかく見ごたえがある番組ですよね。今回紹介したのは「山村編」からのメニューなんですが、ほかのシリーズもいろいろとあって。

堤 「チョンソン編」から始まって、「漁村編」「コチャン編」「海辺の牧場編」まで。どれも田舎で自給自足の生活を送るというコンセプト。

ワ 「山村編」は、ドラマ『SKYキャッスル〜上流階級の妻たち〜』で共演していたヨム・ジョンアとユン・セア、『青春の記録』（p91）に出ていたパク・ソダムの3人が出演。

堤 山村編なので、畑仕事がメイン。野菜を育てて収穫して料理する。さらに、野菜を売ったお金とゲームで勝ち取った賞金で、肉や他の食材を買いに行くという仕組みでした。

ワ いろいろ作っていましたが、真

…… p114につづく ⇦

豆腐マンドゥ

マンドゥ＝餃子です。豆腐は必ずしっかり水きりしましょう。水っぽくならず、ふんわりやわらかな蒸し上がりになります。

材料 3～4人分／20～22個

餃子の皮（大判）…… 20～22枚
木綿豆腐 …… 1丁（300g）
豚ひき肉 …… 100g
長ねぎ（みじん切り）…… ¼本
A にんにく・しょうがのすりおろし …… 各1かけ分
　酒、しょうゆ、片栗粉 …… 各小さじ2
　塩 …… 小さじ⅓
ごま油 …… 小さじ1

作り方

1 豆腐はペーパーで包み、2倍の重さの重し（600g・皿2枚など）をのせ、1時間水きりする。

2 ボウルに1、ひき肉、長ねぎ、Aを入れ、粘りが出るまで手で練り混ぜ、ごま油を加えてさらにしっかりと練り混ぜる。

3 餃子の皮に2を等分してのせ、ふちに水をつけて半分に折りたたみ、両端に水をつけて重ねてくっつける。蒸気の上がったせいろ（または蒸し器）に入れ、強火で12分蒸す。

マンドゥスープ

マンドゥは、あらかじめ蒸してからスープに加えるのがコツ。煮崩れず、ふんわりした食感を保ちながらおいしくいただけます。

材料 2人分

蒸した豆腐マンドゥ（※右記参照）…… 6個
豆もやし（できればひげ根をとる）…… ¼袋（50g）
長ねぎ（斜め切り）…… ¼本
A だし汁（煮干し）…… 2カップ
酒 …… 大さじ1
いわしエキス（p126参照）…… 小さじ2

作り方

鍋に**A**を入れて中火にかけ、煮立ったら蒸したマンドゥ、豆もやし、長ねぎを加え、再び煮立ったらふたをして2～3分煮る。

蒸したても
おいしいですが
スープに入れても
美味！

おからチゲ

キムチチゲにおからを加えて、ボリュームアップ。
おからは、あらかじめからいりすると
においが気にならず、食べやすくなります。

番組と料理の話

似しやすいメニューを選んでいます。もやしごはんは、お米ともやしを一緒に炊き込む一品。

堤 ガスとかないから、薪で火をおこして大きな釜で炊くんですよね。

ワ そうそう！　後半は慣れていたけれど、大変そうでしたねぇ。豆もやしってだしが出てうまみもあるし、食感もいいんです。

堤 で、釜のふたを裏返して作っていたのがえごまの葉の煮つけですね。

ワ 豆腐マンドゥは、生地から作っているのが驚きでした。自給自足がテーマだから当たり前なんですけど。

堤 パク・ソダムちゃんが、子どものころにハルモニ（おばあさん）と何度も一緒に作ったと言って、黙々と作業してましたね。

ワ めん棒がないから、ビールを飲んで空き瓶を活用してて偉かったなぁ。それは大変なので、市販の皮を使うレシピにしています。

堤 餃子作りに時間がかかるから、蒸し上がったものをそのまま食べるのが本当においしそうでした。

ワ その後、鍋にするんですが、ここでは簡単なスープに。そして、最後の朝食で作っていたのがおからチゲ。

堤 おからを大豆から作ってたのにはびっくり……。

ワ 本当にすごい。毎回驚かされます。番組ではもっと汁が少なくなる

おからたっぷりで
ヘルシーです

材料 ３～４人分

おから …… 80g
豚バラ薄切り肉（5cm長さに切る）…… 120g
白菜キムチ（あれば熟成したもの・粗く刻む）
…… 70g
えのきだけ（ほぐす）…… １袋（100g）
玉ねぎ（薄切り）…… ½個
A　だし汁（煮干し）…… ２½カップ
　　酒 …… ¼カップ
B　にんにく・しょうがのすりおろし
　　…… 各½かけ分
　　しょうゆ、オリゴ糖（p126 参照・または水あめ）
　　…… 各大さじ１
　　コチュジャン、粗挽き粉唐辛子
　　…… 各小さじ１
ごま油 …… 小さじ１
万能ねぎ（斜め切り）…… ２本
白いりごま …… 適量

作り方

1 おからは鍋に入れ、パラパラになるまで弱めの中火でからいりし、取り出す。
2 鍋をさっとふき、ごま油を入れて熱し、豚肉を加えて中火でこんがり炒める。キムチ、えのき、玉ねぎを加えてさっと炒め、A を加え、煮立ったらアクをとる。
3 1 を加えて全体になじませ、B を加え、煮立ったらふたをして弱めの中火で５分煮る。
4 塩（分量外）で味を調え、万能ねぎといりごまを散らす。

まで煮込んでいましたが、ここでは食べやすい仕上がりに。なので、好みでもっと煮込んでいただいてもいいと思います。
堤 番組を観て、あれこれ真似してやってみると楽しいですよね。
ワ うんうん！ ほかにもキンパやビビンバ、タッカルビなど、本当にバリエーション豊かなのでおすすめです。

トッカルビ
手間はかかるけれど
作る価値ありです！

ユンステイ

珍しい宮廷料理を
見ることができる番組。
ここに滞在してみたいと
何度思ったことか……。

梨シャーベット
柿シャーベット
「口がさっぱりする」と言っていた通りのさわやかさ

トッカルビ

昔は王様の食べるものとして作られていたとか。たたいた肉の食感と、蒸した栗の組み合わせが絶妙な食べごたえのある一品です。

材料 2～3人分／6個

牛ももかたまり肉 …… 150g
牛ひき肉 …… 150g
マザーソース（※右記参照）…… 大さじ2½
栗 …… 8個
A 塩 …… 小さじ¼
　水 …… 小さじ1
　シナモンパウダー …… 少々
松の実（ローストしたもの・すりつぶす）
　……大さじ1
芽ねぎ …… 1パック
B しょうゆ、酢、粗挽き粉唐辛子 …… 各小さじ½
　砂糖 …… 小さじ⅓

作り方

1 栗は蒸気の上がったせいろ（または蒸し器）に入れ、強火で25分蒸し、温かいうちに半分に切ってスプーンで実をかき出す。**A**を加えて混ぜ、6等分してたわら形にまとめる。

2 牛肉は包丁で粗くたたき、ひき肉と合わせ、マザーソースを加えて混ぜ、6等分する。ごま油（分量外）を薄く塗った手のひらにのせて広げ、**1**をのせて包む。

3 天板にオーブンシートを敷いて**2**を並べ、200°Cに予熱したオーブンで10分焼く。取り出し、バーナーがあれば表面を香ばしく焼く（網にのせて直火で軽く焼いてもOK）。

4 器に盛って松の実をのせ、**B**であえた芽ねぎを添える。

マザーソース

材料 作りやすい分量

A 梨 …… 大½個（200g）
　りんご …… ½個（150g）
　玉ねぎ …… ½個（100g）
　にんにく …… 1かけ
　しょうが（皮つき）…… 1かけ
しょうゆ…… 大さじ2

作り方

Aはすべてみじん切りにし、しょうゆとともにボウルに入れ、ハンディブレンダーで撹拌する（または、フードプロセッサーにかけてもいい）。

番組と料理の話

(ワ)『ユン食堂』というバラエティシリーズの続編で、俳優さんたちが宿泊施設を運営するという番組です。もちろん料理も手作り。
(堤)『ユン食堂』からのメンバーのユン・ヨジョン、イ・ソジン、チョン・ユミと……。
(ワ)私の大好きなパク・ソジュンが活躍します！『ユンステイ』では、さらにチェ・ウシクが加わっています。
(堤)韓屋という韓国の古民家を使った施設なので、料理も宮廷料理をベースにしているんですよね。
(ワ)料理は主にチョン・ユミとパク・ソジュンが担当。すごく手間も時間もかかる料理ばかりで大変そうでした。トッカルビでは、肉をたたかないといけないし、栗は蒸してから中身を取り出すし。

ユンステイ

女優ユン・ヨジョンを中心に、海外で韓国料理をふるまってきたバラエティ『ユン食堂』シリーズの第3弾。外国人向けの宿泊施設で、料理や接客、掃除までをこなす。

U-NEXTにて配信中

梨シャーベット

凍らせている途中で一度混ぜるのがコツ。
ほどよく空気が入ってふんわりとし、
なめらかな口溶けに仕上がります。

材 料　3 ～ 4 人分

梨（皮と芯を除き、ざく切り）…… 大 1 個（400g）
オリゴ糖（p126 参照・または水あめ）…… 大さじ 3
水 …… ¼カップ
クローブ（好みで）……4 粒

作り方

1 ミキサーにクローブ以外の材料を入れ、なめらかになるまで攪拌する（または、フードプロセッサーにかけてもいい）。

2 保存容器に入れてクローブを加え、冷凍室で 1 時間凍らせ、フォークで全体をかき混ぜ、平らにならしてさらに 2 時間凍らせる。クローブを除いて器に盛る。

柿シャーベット

完熟した柿を使うのがおすすめ。
柿は品種や完熟度によって甘さが違うので、
好みでオリゴ糖の量を調節してください。

材 料　3 ～ 4 人分

柿（皮と種を除き、8 等分のくし形切り）
…… 2 個（400g）
オリゴ糖（p126 参照・または水あめ）
…… 大さじ 3
水 …… ¼カップ

作り方

1 ミキサーに材料をすべて入れ、粒が少し残る程度に攪拌する（または、フードプロセッサーにかけてもいい）。

2 保存容器に入れ、冷凍室で 1 時間凍らせ、フォークで全体をかき混ぜ、平らにならしてさらに 2 時間凍らせる。

堤 肉だねの中に栗が入っているんですよね。意外とこれが合う！

ワ そうなんです。手間をかける価値はあるな、と。番組内でも言ってましたが、これに使っているマザーソースが万能！ トッカルビだけじゃなく、トッポギやプルコギにも使えるんですよ。

堤 韓国料理のベースみたいな感じですね。

ワ 柿と梨のシャーベットは、ドリンク担当のイ・ソジンが作っていました。

堤 イ・ソジンは『三食ごはん』（p110）でも最多出演だから、慣れてましたね（笑）。

ワ すごいですよねぇ。ちなみに梨のシャーベットの時は、チェ・ウシクも手伝っていましたね。

堤 日本だと砂糖を使うけれど、オリゴ糖をたっぷり入れてて。

ワ 甘みはオリゴ糖なんですよね。同じようなレシピにしています。梨のシャーベットにはライムを入れていましたが、日本の梨だと酸味が強すぎるので、クローブを入れてアレンジしています。

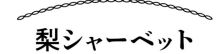

サムギョプサルのチョンゴル

番組と料理の話

賢い山村生活

ドラマ『賢い医師生活』とバラエティ『三食ごはん』のコラボ番組。田舎で試行錯誤しながら自給自足する姿から、キャスト同士の仲のよさが伝わってくる。

DVD-BOX 10,780円（税込） 発売・販売元：TC エンタテインメント

堤 この番組は『三食ごはん』（p110）と『賢い医師生活』（p36）のコラボ企画です。なので、ドラマの主要メンバーが田舎で自給自足生活をするというもの。

ワ 同級生の5人に他の出演者がゲストで来ていて、わいわいと楽しそうでしたね。

堤 初日は雨が降っていて、行きの車の中で「ジョンを作ろう、スジェビもいいな」って話してて、どちらも作るんです。

ワ で、この時に作っていたのが例の……。

堤 p90の白菜のジョン！ このページでは、『賢い医師生活』らしく

……p122につづく⇦

賢い山村生活

『賢い医師生活』ファン必見！
プライベートでも、
たくさん作って食べる姿が見られます。

サムギョプサルのチョンゴル

**チョンゴルとは、汁けの少ない鍋料理のこと。
肉を焼きつつ、さらに野菜とキムチを煮込むという、
ひと鍋で二度おいしい一品です。**

材料 4～6人分

豚バラ肉焼き肉用 …… 500g
白菜キムチ（あれば熟成したもの）…… 250g
しめじ（ほぐす）…… ½パック（50g）
長ねぎ（斜め切り）…… 1本
赤万願寺唐辛子（または赤唐辛子・小口切り）…… 1本
A 塩、こしょう …… 各少々
　粗挽き粉唐辛子 …… 大さじ2
米のとぎ汁（なければ水）…… 1カップ

作り方

1 豚肉は塩、こしょう各少々（分量外）をふり、鉄鍋かフライパンに入れ、中火で片面1分30秒ずつこんがり焼く。食べやすい長さに切り、鉄鍋の外側に並べる。

2 まん中にキムチを加え、肉から出た脂で2分ほど炒め、キッチンばさみで食べやすく切る。しめじ、長ねぎ、万願寺唐辛子、**A**を加えてさっと混ぜ、米のとぎ汁を注いで中火で3分煮、全体を混ぜながら食べる。

番組と料理の話

肉料理のチョンゴルとポッサムを選びました。

ワ ポッサムは、みそとビールがポイントですね。すごくやわらかくて、プルプル！

堤 番組ではゆで汁にみそを溶いていたんですが、肉に直接すり込んでみました。野菜も一緒にゆでるので臭みもないです。

ワ チョンゴルは、サムギョプサル（豚バラ肉の焼き肉）をしつつ、そこに米のとぎ汁を入れるんですよね。見ていてびっくりしました。

堤 平たい鍋の外側で肉、真ん中でキムチを焼いたら、野菜を入れて米のとぎ汁を入れて煮込むんです。焼いた肉のうまみが野菜にしみ込んでおいしいんです。

ワ サムギョプサルを楽しんで、途中から鍋にしても楽しいかもしれないですね。

堤 みんなでわいわい食べるのってやっぱりいいよね。食べながら『賢い医師生活』を観たらもっと楽しいかも。

ワ いいですね。その会、ぜひやりましょう！

ポッサム

肉になじませたみそと、
ゆで汁に加えるビールの効果でしっとりやわらか！
残ったゆで汁は、クスクやラーメンにおすすめです。

材料 4～6人分

豚皮つき三枚肉（または豚バラかたまり肉）
…… 500g
みそ …… 大さじ6
A
玉ねぎ、りんご（ともに縦半分に切る）
…… 各1個
長ねぎ（青い部分までぶつ切り）
…… 1本
にんにく（つぶす）…… 3～4かけ
しょうが（皮つき）…… 薄切り4枚
ビール …… 1缶（350㎖）
サンチュ、グリーンカール、えごまの葉、
韓国青唐辛子（p127参照）、にんにくの薄切り、
コチュジャン …… 各適量

作り方

1 豚肉は全体にみそを塗ってラップで包み、冷蔵室でひと晩以上おく（1週間ほど保存可能）。

2 大きめの鍋に1をみそごと入れ、A、ひたひたになるまで水を加え（約1ℓ）、厚手のキッチンペーパーをのせて中火にかけ、煮立ったらふたを少しずらしてのせて弱めの中火～弱火で1時間ゆでる。

3 火を止めて10分おき、肉を取り出して7㎜幅に切って器に盛る。葉野菜やにんにく、好みでコチュジャンなどを添え、包んで食べる。

※粗熱がとれたら清潔な保存容器に入れ、冷蔵室で4日ほど保存可能

ポッサム

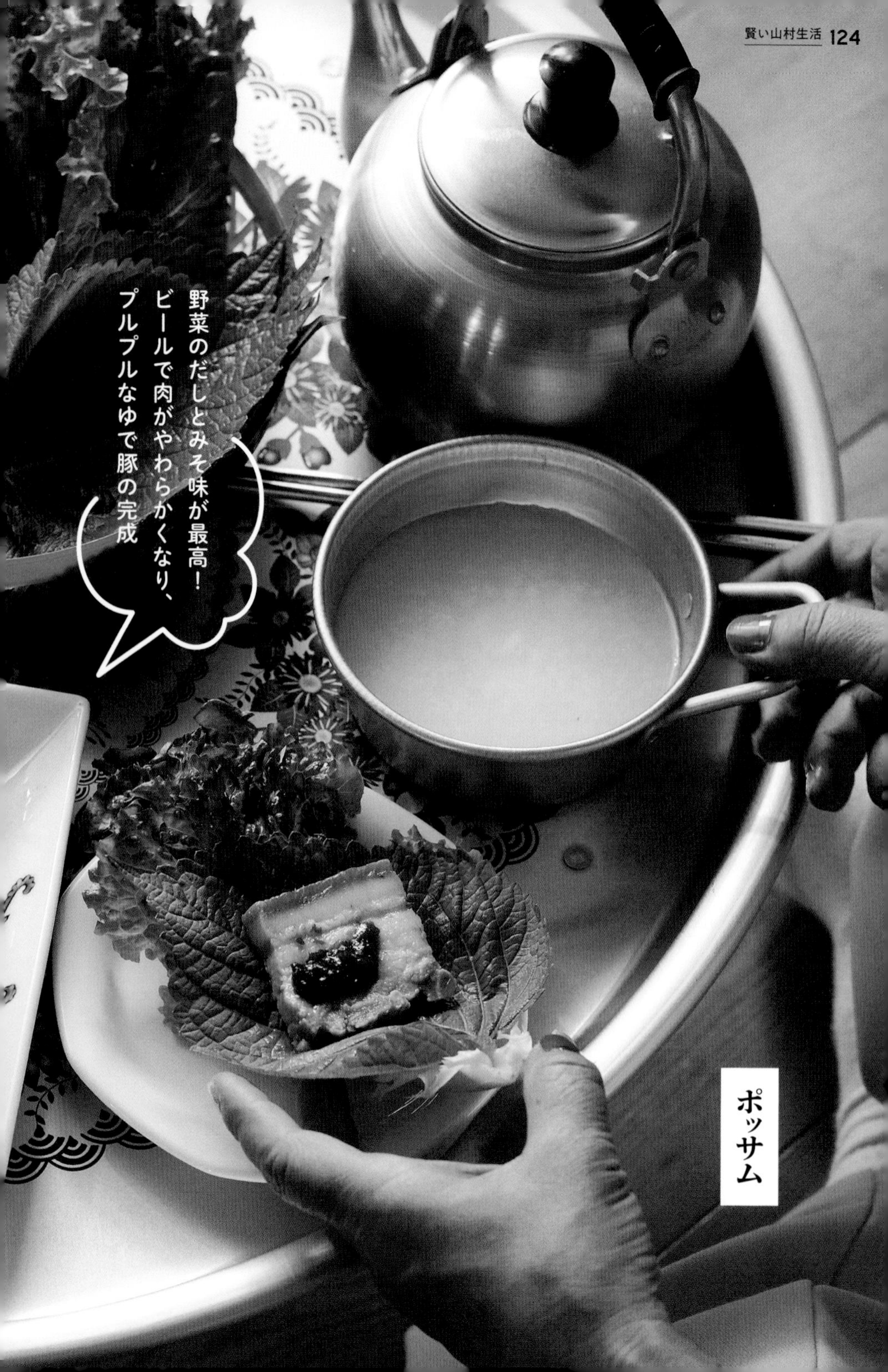
野菜のだしとみそ味が最高！
ビールで肉がやわらかくなり、
プルプルなゆで豚の完成

韓国料理に欠かせない

韓国

調味料 食材

この本で使っている調味料や食材を紹介します。韓国料理を作るうえではあったほうがいいものばかりですが、代用できるものがある場合は記載しています。韓国食材を扱うスーパーやネットショップなどで購入できるので、ぜひ取り入れてみてください。

粗挽き粉唐辛子

唐辛子を乾燥させ、粉末にしたもの。種ごと挽いた粗挽きとパウダー状の細挽きがあり、粗挽きのほうが辛みが強く出ます。

オリゴ糖／水あめ

韓国料理で甘さを加える時に使います。甘みだけでなく、料理にツヤやてりを出すことができます。

【代用品】砂糖　1.5倍量を目安に

いわしエキス

いわしを使った魚醤。韓国ではキムチには欠かせない調味料です。

【代用品】ナンプラー　同量を目安に

アミの塩辛

えびの一種であるアミを塩漬けにし、熟成させたもの。独特の塩けとうまみがあります。

【代用品】ナンプラー＋たらこ　少しずつ加えて調整を

梅エキス

梅を砂糖に漬けて作るシロップのようなもの。甘みを加える際に使います。韓国では各家庭で手作りすることも。

【代用品】砂糖＋りんご酢　少しずつ加えて調整を

コチュジャン

米や大豆、粉唐辛子を使った甘辛いみそ。メーカーによって原料が違い、辛さや濃さも違います。ビビンバやスープ、サムギョプサルなど、さまざまな韓国料理に使います。

チュンジャン

小麦や大豆を使った黒いみそ。チャジャンミョンに使います。

【代用品】甜麺醤＋みそ　2対1の割合で混ぜ、少しずつ加えて調整を

ごま油

韓国のごま油は、日本のものより深いりで、風味が強いのが特徴。炒めものやナムルに欠かせません。メーカーによっても違うので好みを見つけてください。

えごまの葉

シソ科の葉で、焼き肉やサムギョプサルを巻いたり、しょうゆ漬けにしたりとよく使います。大葉に似ていますが、味も香りも違う別のものなので、ぜひ探してみてください。

サンチュ

レタスの一種で、焼き肉やサムギョプサルを巻くのによく使います。やわらかく、ほんのり苦みがあるのが特徴。

【代用品】サラダ菜

韓国青唐辛子

薬味というより素材としてスープや炒めものに入れたり、刻んで生のまま焼き肉にのせたりと、さまざまな料理に使います。辛くないものも、激辛もあります。

【代用品】ししとう、または万願寺唐辛子

ホバク

「エホバク」や「韓国かぼちゃ」とも呼ばれる野菜。かぼちゃよりも水分が多く、ジョンやスープなどによく使う食材です。

【代用品】ズッキーニ

オムク

薄くのばした練りもので、「四角かまぼこ」とも呼ばれます。串刺しのおでんやトッポギと一緒に煮たり、キンパの具としても使われます。

韓国春雨

韓国では、さつまいもを原料にしたものが定番。日本の緑豆を使った春雨よりも、もっちりとした食感が特徴です。チャプチェやスープなどに使います。

干しだら

たらの身を乾燥させたもの。スープや麺のだしとしてよく使われます。韓国には干しだらをよく煮込んで作る「プゴク」というスープもあります。

乾燥なつめ

参鶏湯やスープによく使われる食材。ほんのりとした甘みと赤い色が加わるうえに、食物繊維やビタミンがとれるとされています。

韓国もみのり

「ジャバンのり」とも呼ばれます。ごま油やオリーブオイル、塩などで味つけして炒めたフレーク状ののり。おにぎりやビビンバなどに便利です。

韓国ドラマの
妄想ごはんレシピ帖

著　者　堤 人美、ワタナベマキ
編集人　足立昭子
発行人　倉次辰男
発行所　株式会社主婦と生活社
〒104-8357　東京都中央区京橋 3-5-7
☎ 03-3563-5321（編集部）
☎ 03-3563-5121（販売部）
☎ 03-3563-5125（生産部）
https://www.shufu.co.jp
ryourinohon@mb.shufu.co.jp
製版所　東京カラーフォト・プロセス株式会社
印刷所　凸版印刷株式会社
製本所　株式会社若林製本工場
ISBN978-4-391-15882-3

・ドラマの配信元や商品の価格などの情報は、2023年3月24日現在のものです。

堤 人美（つつみ ひとみ）/ 写真右

料理研究家。出版社勤務、料理研究家のアシスタントを経て独立。素材そのものの味を生かし、作りやすくおしゃれなレシピに定評がある。書籍や雑誌、広告などで幅広く活躍している。好きな俳優はパク・ボゴム。好きなドラマは『恋のスケッチ〜応答せよ 1988 〜』。

ワタナベマキ / 写真左

料理研究家。グラフィックデザイナーを経て、独立。旬の食材を取り入れたレシピやシンプルでおしゃれなライフスタイルが注目され、雑誌や書籍などで活躍。オンラインの料理教室も人気。好きな俳優はパク・ソジュン。好きなドラマは『梨泰院《イテウォン》クラス』。

デザイン　根本真路
撮影　鈴木泰介
スタイリング　朴 玲愛

撮影協力　アフロ

構成・取材　晴山香織
校閲　滄流社
編集担当　足立昭子